夺标·一击即中的投标技巧

杜 静 著

中国建筑工业出版社

图书在版编目（CIP）数据

夺标：一击即中的投标技巧 / 杜静著 . — 北京：
中国建筑工业出版社，2024.2
ISBN 978-7-112-29589-0

Ⅰ.①夺… Ⅱ.①杜… Ⅲ.①投标—基本知识 Ⅳ.
① F713.1

中国国家版本馆 CIP 数据核字（2024）第 019250 号

本书帮助投标业务人员，掌握最新法规变化，明辨法律边界，在合法合规的前提下，最大限度地提高中标概率，包括分析招标采购人员的心理及招标采购流程，利用与招标人的标前接触传递价值，引导招标人的需求，影响招标人的倾向，以及阅读理解和分析招标文件，制定正确的投标竞争策略和报价方法，编制实质性响应的高质量投标文件，并管控投标中常见的串通投标、弄虚作假等法律风险，运用异议、质疑、投诉等相关法律规定与手段，打击对手，保护自己。

责任编辑：徐仲莉　王砾瑶
责任校对：刘梦然
校对整理：张辰双

夺标·一击即中的投标技巧
杜　静　著

*

中国建筑工业出版社出版、发行（北京海淀三里河路9号）
各地新华书店、建筑书店经销
北京蓝色目标企划有限公司制版
北京云浩印刷有限责任公司印刷

*

开本：787 毫米 ×960 毫米　1/16　印张：13½　字数：234 千字
2024 年 1 月第一版　2024 年 1 月第一次印刷
定价：65.00 元
ISBN 978-7-112-29589-0
（42045）

版权所有　翻印必究
如有内容及印装质量问题，请联系本社读者服务中心退换
电话：（010）58337283　QQ：2885381756
（地址：北京海淀三里河路9号中国建筑工业出版社604室　邮政编码：100037）

前 言
Preface

目前，招标投标（Bidding）未能成为一门独立的学科，像市场营销（Marketing）和供应链管理（Supply Chain Management）都有系统的专业体系，而招标投标没有形成自己的专业体系，我一直深感遗憾。

在近20年的招标投标知识培训过程中，经常有学员希望我能给他们推荐比较好的招标投标相关的书籍，也激发了我编写图书的兴趣。

这套书是我20多年来招标投标授课内容的整理，分为《夺标·合规高效的招标管理》和《夺标·一击即中的投标技巧》，分别从招标人和投标人的角度梳理招标投标实战所需的理论知识与实战技巧，内容深具实战气息，这也算是留给我自己的一个纪念。

《夺标·一击即中的投标技巧》共6章，第1章法律基础，主要讲述了一些招标投标相关法律法规的最新变化，以及如何利用立项设定项目性质，如何管控投标的法律风险。第2章标前控制，讲的是如何在正式招标之前影响招标人的倾向性，并携手走一个规范的招标流程。第3章竞争报价，讲的是投标前的准备，包括如何准备投标竞争策略和报价方法及确定最终报价。第4章标书编制，讲的是对招标文件的阅读理解，并针对性地准备投标方案、编制投标文件，以及在参与开标、评标、定标活动时的注意事项。第5章述标答辩，讲的是投标人在团队述标或项目经理投标答辩时需要具备的技巧，包括如何编制述标文件、述标综合素质训练方法以及在述标答辩现场的控场与回答评委问题的技巧。第6章处理争议，分别介绍了工程建设、政府采购等不同领域的招标投标争议的解决方法和处理程序，包括异议、质疑、投诉的法律要件和处理流程，以及举报、控告和社会舆论等其他解决招标投标争议的方法。

  本书内容为本人多年的实践思考及总结，并引用了相当多的法规条文和实践案例，希望引用恰当。由于本人才疏学浅，书中有遗漏之处还请各位同行指正。

  承蒙中国建筑工业出版社及责任编辑徐仲莉、王砾瑶不弃，拂尘露珠，深致谢意，不胜涕零。

杜静于癸卯

目 录
Contents

第1章 法律基础 /1

1.1 法规变化 /1

1.1.1 招标投标法律体系的变动趋势 /2

1.1.2 政府采购法律体系的变动趋势 /4

1.2 依法不招标 /7

1.2.1 企业采购领域依法可以不招标的法律规定 /8

1.2.2 政府采购领域依法不公开招标的法律规定 /10

1.3 管控法律风险 /11

1.3.1 串通投标的风险管控 /11

1.3.2 借用他人名义投标和弄虚作假行为的风险管控 /15

1.3.3 低价中标的风险管控 /22

第2章 标前控制 /25

2.1 与招标人接触 /25

2.1.1 中标的奥秘 /25

2.1.2 投标的思想性 /28

2.1.3 标前接触内容和方法 /28

2.2 研究竞争对手 /33

2.2.1 研究竞争对手主要是找到以下问题的答案 /33

2.2.2 研究竞争对手的渠道和方法 /34

2.3 标前控制要点 /35

2.3.1 招标程序 /39

  2.3.2　资格资质要求　/41

  2.3.3　商务条款　/43

  2.3.4　技术参数　/44

  2.3.5　评标方法　/44

  2.3.6　同行关系　/45

第3章　竞争报价　/47

3.1　投标流程　/47

  3.1.1　购买或下载投标文件　/47

  3.1.2　阅读理解招标文件　/48

  3.1.3　标书分析会　/49

  3.1.4　准备各种商务资料和投标保证金　/52

  3.1.5　提出投标方案，讨论修改定稿，做成本核算　/52

  3.1.6　报价分析　/53

  3.1.7　投标文件编写与审查　/53

  3.1.8　提前打印、刻盘和网络注册、网络上传　/53

  3.1.9　确定参与开标人员，预订酒店，提前到达现场　/54

3.2　竞争策略　/54

  3.2.1　投标决策　/54

  3.2.2　投标性质　/56

  3.2.3　竞争策略　/57

3.3　报价方法　/62

  3.3.1　求利润　/62

  3.3.2　求中标　/62

  3.3.3　平衡报价　/68

  3.3.4　其他报价方法　/71

第4章　标书编制　/78

4.1　招标文件的阅读理解　/78

  4.1.1　招标文件的结构　/78

  4.1.2　招标文件的实质性要求　/95

    4.1.3 招标文件中可能涉及的其他招标投标基本概念 /107
  4.2 投标文件的编制方法 /109
    4.2.1 编制投标文件的基本要求 /109
    4.2.2 严格执行招标文件所有要求和规则 /110
    4.2.3 目录的编制 /113
    4.2.4 符合性审查 /113
    4.2.5 报价表 /116
    4.2.6 技术方案/服务方案 /116
    4.2.7 商务偏离表/技术偏离表 /118
    4.2.8 点对点应答 /120
    4.2.9 展示、强调我们的优势与亮点 /120
    4.2.10 重视评标委员会体验帮助我们获得高主观分 /121
    4.2.11 投标文件的交叉互审 /122
  4.3 开标、评标、定标过程中的注意事项 /123
    4.3.1 开标前的注意事项 /123
    4.3.2 开标过程中的注意事项 /124
    4.3.3 评标环节的注意事项 /125
    4.3.4 定标过程中的注意事项 /130
    4.3.5 合同签署环节的注意事项 /132

第5章 述标答辩 /137

  5.1 准备述标文件 /137
    5.1.1 述标流程 /137
    5.1.2 准备述标素材 /138
    5.1.3 述标内容编排 /139
    5.1.4 述标文件编制 /141
  5.2 个人素质训练 /145
    5.2.1 商务礼仪 /145
    5.2.2 心态调整 /147

5.2.3　身体语言　/148
　　　5.2.4　语气语调、音量、语速及停顿　/150
　　　5.2.5　常见的语言错误　/151
　　　5.2.6　常见视听设备的运用　/152
　5.3　述标答辩与控场技巧　/154
　　　5.3.1　开场　/154
　　　5.3.2　留意听众反应　/154
　　　5.3.3　回答问题　/156
　　　5.3.4　总结发言　/163

第6章　处理争议　/165

　6.1　招标投标法律体系的异议与投诉　/167
　　　6.1.1　异议　/167
　　　6.1.2　招标投标法律体系的投诉　/169
　6.2　政府采购法律体系的质疑与投诉　/171
　　　6.2.1　质疑　/171
　　　6.2.2　政府采购法律体系的投诉　/173
　6.3　其他处理招标投标争议的方法　/176
　　　6.3.1　检举　/176
　　　6.3.2　控告　/177
　　　6.3.3　仲裁　/177
　　　6.3.4　行政复议和行政诉讼　/177
　　　6.3.5　磋商和调解　/180
　　　6.3.6　行业自律　/180
　　　6.3.7　社会舆论　/180

附录　/193

第1章 法律基础

1.1 法规变化

我们所投标的项目分成两大类，一类是政府采购项目，另一类是非政府采购项目。**政府采购**是指各级国家机关、事业单位和团体组织，使用财政性资金采购依法制定的集中采购目录以内的或者采购限额标准以上的货物、工程和服务的行为。**除此之外的采购行为，即所有的非政府采购，本书为表述方便，统一称之为企业采购。**也就是说，本书所称企业采购，除了企业单位的采购行为之外，还包括事业单位、社会团体以及其他各类市场主体的全部非政府采购行为。

投标人面对的法律体系也有两个，一个是《中华人民共和国招标投标法》（以下简称《招标投标法》）及其相关配套法律规定（以下简称招标投标法律体系），另一个是《中华人民共和国政府采购法》（以下简称《政府采购法》）及其相关配套法律规定（以下简称政府采购法律体系）。两个法律体系各自的适用范围如图1-1所示。

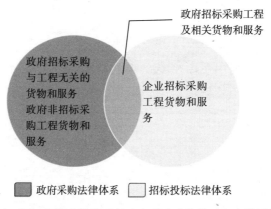

图1-1　招标投标法律体系与政府采购法律体系各自的适用范围

招标投标法律体系的适用范围是企业采购中的招标采购和政府采购中的工程建设项目的招标采购；政府采购法律体系的适用范围是政府采购中的非招标采购和与工程建设项目无关的货物、服务的招标采购。

招标投标法律体系和政府采购法律体系的配套法规、规章，以及依法必须进行招标项目的法律规定，可见本书的姊妹书《夺标·合规高效的招标管理》第2章。

1.1.1　招标投标法律体系的变动趋势

《招标投标法》的修订草案正在征求意见中。这一次对《招标投标法》的修订意见主要集中在两个地方。

1. 改变定标规则

业界一直有一股思潮，推动《招标投标法》修改定标规则，要把定标规则改为**"评定分离"**，即招标人在评标委员会推荐的中标候选人中任意定标（如图1-2所示，其中方框里的文字都是要被删掉的，而粗体字都是要增加的）。《招标投标法》规定中标候选人为1～3名，也就是说在前3名里面任意定标。现在很多项目的招标人推卸主体责任，他们的理由是中标人不是自己选出来的，是评标委员会帮他们选出来的，所以最后中标人没有把项目做好、没有达成他们所要的采购效果，他们不需要负责任。

其实《招标投标法》从来就没有规定必须排名第一的中标候选人中标。这个"第一名中标"的定标规则是在《中华人民共和国招标投标法实施条例》（以下简称《招标投标法实施条例》）中出现的。

> 第四十七条 评标委员会应当按照招标文件确定的评标标准和方法，**集体研究并分别独立**对投标文件进行评审和比较；设有标底的，应当参考标底。评标委员会完成评标后，应当向招标人提出书面评标报告，**并推荐不超过三个合格的中标候选人**，并对每个中标候选人的优势、风险等评审情况进行说明；除招标文件明确要求排序的外，推荐中标候选人不标明排序。
>
> 招标人根据评标委员会提出的书面评标报告和推荐的中标候选人，**按照招标文件规定的定标方法**，结合对中标候选人合同履行能力和风险进行复核的情况，**自收到评标报告之日起二十日内自主确定中标人**。定标方法应当科学、规范、透明。招标人也可以授权评标委员会直接确定中标人。
>
> 国务院对特定招标项目的评标有特别规定的，从其规定。

图1-2 《招标投标法》修订草案第四十七条

《招标投标法》第四十条 评标委员会应当按照招标文件确定的评标标准和方法，对投标文件进行评审和比较；设有标底的，应当参考标底。评标委员会完成评标后，应当向招标人提出书面评标报告，并推荐合格的中标候选人。**招标人根据评标委员会提出的书面评标报告和推荐的中标候选人确定中标人。招标人也可以授权评标委员会直接确定中标人。**国务院对特定招标项目的评标有特别规定的，从其规定。

《招标投标法实施条例》第五十五条 国有资金占控股或者主导地位的依法必须进行招标的项目，**招标人应当确定排名第一的中标候选人为中标人**。排名第一的中标候选人放弃中标、因不可抗力不能履行合同、不按照招标文件要求提交履约保证金，或者被查实存在影响中标结果的违法行为等情形，不符合中标条件的，招标人可以按照评标委员会提出的中标候选人名单排序依次确定其他中标候选人为中标人，也可以重新招标。

"招标人应当确定排名第一的中标候选人为中标人"，相当于招标人必须"授权评标委员会直接确定中标人"，把《招标投标法》赋予招标人定标权的另外一种选择"招标人根据评标委员会提出的书面评标报告和推荐的中标候选人确定中标人"的权利给剥夺了。如果我们想扩大招标人的自主权，强化主体责任，可以在下次修改《招标投标法实施条例》的时候，放弃必须"第一名中标"的定标规则，把《招标投标法》规定的定标规则进一步落实和细化就可以了，并不需要修改《招标投标法》中的定标规则。

《招标投标法》本身是一个很好的三权分立结构：招标人有"立法权"——制定游戏规则和评标方法；评标委员会有"行政权"——严格按照招标文件和相关法律规定评标；监管部门有"司法权"——监督大家按照"国法"（国家相

关法律规定）和"家规"（招标人制定的游戏规则和评标方法）行事。

现在一般所称的"评定分离"，实质上是在评标报告出来之后再增加一个由招标人主导的内定性评审环节，这样有可能成为招标人腐败行为的营养基。对投标人而言，这种"评定分离"会增加善于做客户关系的投标人的中标概率。

2. 取消"投标人报价不得低于成本"的法律规定

政府采购领域早就改变了"投标人报价不得低于成本"的法律规定。

《政府采购货物和服务招标投标管理办法》第六十条 评标委员会认为投标人的报价明显低于其他通过符合性审查投标人的报价，有可能影响产品质量或者不能诚信履约的，应当要求其在评标现场合理的时间内提供书面证明，必要时提交相关证明材料；投标人不能证明其报价合理性的，评标委员会应当将其作为无效投标处理。

所以在企业采购领域放弃"投标人报价不得低于成本"的法律规定也是大势所趋（如图1-3所示，其中方框里的文字都是要被删掉的，而粗体字都是要增加的）。

```
第四十[一]六条 中标人的投标应当符合下列条件之一 招标人应当按
        照招标项目实际需求和技术特点，从以下方法中选择确定评标方法：
        （一）综合评估法，即确定投标文件能够最大限度地满足招标文件中
        规定的各项综合评价标准的投标人为中标候选人的评标方法；
        （二）经评审的最低投标价法，即确定投标文件能够满足招标文件的
        实质性要求，并且经评审的投标价格最低的投标人为中标人候选人的评标
        方法；但是投标价格[低于成本]为可能影响合同履行的异常低价的除外[。]；
        （三）法律、行政法规、部门规章规定的其他评标方法。
        经评审的最低投标价法仅适用于具有通用的技术、性能标准或者招标
        人对其技术、性能没有特殊要求的项目。
        国家鼓励招标人将全生命周期成本纳入价格评审因素，并在同等条件
        下优先选择全生命周期内能源资源消耗最低、环境影响最小的投标。
```

图1-3 《招标投标法》修订草案第四十六条

这一点在我们打算质疑、投诉其他投标人以低于成本的价格报价时要特别注意，不要和国家法规、政策的变动趋势背道而驰。

1.1.2 政府采购法律体系的变动趋势

现在政府采购相关法律、法规、规章一直有一个困扰，就是到底"如何量化评审因素"？

《中华人民共和国政府采购法实施条例》（以下简称《政府采购法实施条例》）第三十四条　政府采购招标评标方法分为最低评标价法和综合评分法。最低评标价法，是指投标文件满足招标文件全部实质性要求且投标报价最低的供应商为中标候选人的评标方法。综合评分法，是指投标文件满足招标文件全部实质性要求且按照评审因素的量化指标评审得分最高的供应商为中标候选人的评标方法。技术、服务等标准统一的货物和服务项目，应当采用最低评标价法。**采用综合评分法的，评审标准中的分值设置应当与评审因素的量化指标相对应。**招标文件中没有规定的评标标准不得作为评审的依据。

《政府采购货物和服务招标投标管理办法》第五十五条　综合评分法，是指投标文件满足招标文件全部实质性要求，且按照评审因素的量化指标评审得分最高的投标人为中标候选人的评标方法。

评审因素的设定应当与投标人所提供货物服务的质量相关，包括投标报价、技术或者服务水平、履约能力、售后服务等。资格条件不得作为评审因素。评审因素应当在招标文件中规定。

评审因素应当细化和量化，且与相应的商务条件和采购需求对应。商务条件和采购需求指标有区间规定的，评审因素应当量化到相应区间，并设置各区间对应的不同分值。评标时，评标委员会各成员应当独立对每个投标人的投标文件进行评价，并汇总每个投标人的得分。货物项目的价格分值占总分值的比重不得低于30%；服务项目的价格分值占总分值的比重不得低于10%。执行国家统一定价标准和采用固定价格采购的项目，其价格不列为评审因素。价格分应当采用低价优先法计算，即满足招标文件要求且投标价格最低的投标报价为评标基准价，其价格分为满分。其他投标人的价格分统一按照下列公式计算：

投标报价得分＝（评标基准价／投标报价）×100

评标总得分＝$F_1 \times A_1 + F_2 \times A_2 + \cdots + F_n \times A_n$

F_1、$F_2 \cdots F_n$分别为各项评审因素的得分；A_1、$A_2 \cdots A_n$分别为各项评审因素所占的权重（$A_1 + A_2 + \cdots + A_n = 1$）。评标过程中，不得去掉报价中的最高报价和最低报价。因落实政府采购政策进行价格调整的，以调整后的价格计算评标基准价和投标报价。

《政府采购需求管理办法》第二十一条　采用综合性评审方法的，评审因素应当按照采购需求和与实现项目目标相关的其他因素确定。采购需求客观、明确的采购项目，**采购需求中客观但不可量化的指标应当作为实质性要求**，不得作为评分项；参与评分的指标应当是采购需求中的量化指标，评分项应当按照量化指标的等次，设置对应的不同分值。不能完全确定客观指标，需由供应商提供设计方案、解决方案或者组织方案的采购项目，可以结合需求调查的情况，尽可能明确不同技术路线、组织形式及相关指标的重要性和优先级，设定客观、量化的评审因素、分值和权重。价格因素应当按照相关规定确定分值和权重。采购项目涉及后续采购的，如大型装备等，要考虑兼容性要求。可以要求供应商报出后续供应的价格，以及后续采购的可替代性、相关产品和估价，作为评审时考虑的因素。需由供应商提供设计方案、解决方案或者组织方案，且供应商经验和能力对履约有直接影响的，如订购、设计等采购项目，可以在评审因素中适当考虑供应商的履约能力要求，并合理设置分值和权重。需由供应商提供设计方案、解决方案或者组织方案，采购人认为有必要考虑全生命周期成本的，可以明确使用年限，要求供应商报出安装调试费用、使用期间能源管理、废弃处置等全生命周期成本，作为评审时考虑的因素。

《政府采购法》（修订草案第一稿）第四十八条 【评审因素设置要求】本法规定的综合评分法，其评审因素的设置应当与采购标的的价格、质量和供应商的履约能力相关。对质量、价格有重要影响的因素应当设置为评审因素。

评审因素应当与采购需求中的商务条件和技术要求相对应。**评审因素应当细化，可以量化的应当量化。**客观评审因素应当设置固定的分值，主观评审因素应当细化单项评审因素的分值并明确评审标准，缩小自由裁量区间。

《政府采购法》（修订草案第二稿）第四十七条 【评审因素及适用】采用综合评分法的，采购人应当根据采购标的特点合理设置评审因素。评审因素应当与采购标的直接相关，主要包括价格或者成本、质量、供应商履约能力、商务条件以及采购政策要求等。**评审因素中的分值设置应当与可评判、可验证的指标相对应。**

设计咨询服务、大型基础设施工程以及创新采购、政府和社会资本合作等项目，需要考虑供应商履约能力中的从业经验的，可以将业绩要求作为评审因素，但是采购人不得提出特定项目的业绩要求。

多年以来，政府采购领域一直都在调整评审因素的量化和细化法律的规定，但始终找不到合适的规范方法。其实评审因素能够量化的项目都应该采用最低评标价法，真正地利用所有的商务偏离和技术差异去调整投标报价，从而形成评标价格。而剩下的极少数实在无法量化评审因素的项目，就采用综合评分法，尽量细化评审因素，降低评标委员会主观因素对于评标的影响，这样才能真正解决问题。

相当长的一段时间里，投标人都可以把政府采购项目招标文件里的评审因素没有量化或不够细化，作为质疑、投诉的主要方向。

1.2 依法不招标

如果前期客户关系维护得比较好，我们可以引导招标人在项目立项的时候依法不招标，特别是企业采购项目，企业的非招标采购是没有太多法律规定约束的。哪怕是立项时申请邀请招标，也比公开招标对投标人有利。

而且在立项环节，把项目定性为工程项目，或货物项目，或服务项目，都会带来一系列的变化，监管部门不一样、公开招标数额标准不一样、允许签订的合同期限不一样、增值税税率不一样。那么，具体怎么定性项目为工程项目、货物项目、服务项目呢？

如果一个工程建设项目里面既有工程，又有货物，甚至还有服务，那么我们采购的到底是一个工程，还是货物，还是服务呢？这涉及工程、货物和服务三类项目适合采用的采购方式不同，例如适用不同的法律规定必须进行招标的规模标准，其采购时的评审标准也不相同，包括项目后期缴纳的增值税税率都不同，所以需要区分清楚。例如，一个设备检修项目到底算服务、工程还是货物？一个技术改造项目到底算工程、货物还是服务？一个信息化项目到底算货物、服务还是工程？

要区分一个项目到底算工程、货物还是服务，需要先定性，后定量。

定性分析：

工程和货物的区分方法看固化。能够完好移走，换个地方还能用的叫货物；不能完好移走的叫工程，它已经固化成工程的一部分了。例如空调，分体空调可以完好移走，室内机、室外机、空调支架等换个地方重新安装一样可以使用，所以分体空调是货物；而中央空调，进出风口、型材等都是按工程设计的尺寸下料的，风机盘管长度都是按照工程设计剪裁的，拆下来没办法原样安装到另一栋建筑上继续使用，所以中央空调是工程——空调工程。

工程和服务的区分方法看人工。一个项目里面的人工部分费用高，那它是一个服务；非人工部分费用高，那它就是一个工程。例如管道检修，如果这个管道检修项目是以人为主，人工部分的费用高，那它就是管道检修服务；如果这个管道检修项目大量地使用检测设备、维修材料，非人工部分的费用高，那它就是管道检修工程。

货物和服务的区分方法看物化。一个项目里面的活劳动多，它是一个服务；物化劳动多，那它就是一个货物。所谓物化劳动，就是可以简单复制、到处去用的劳动成果，而活劳动就是不可以简单复制、到处去用的劳动成果。例如软件采购，成品软件Office、Windows都是可以简单复制、到处去用的东西，这类软件是货物；客户化的定制软件换个单位就不能使用，它是活劳动，这种定制软件是服务。

定量分析：

一个大的项目里面可能既有工程的部分，也有货物的部分，还有服务的部分，那么这整个项目到底算工程项目、货物项目还是服务项目呢？可以把项目里的每项内容都按前述定性分析方法先做一个定性分析。哪些部分算工程，哪些算货物，哪些算服务，定性分析之后，再对整个项目做定量分析。定量分析就是看整个项目里面到底是哪部分内容的金额高，整个项目都定性为这部分内容所代表的项目性质。整个项目里面工程部分金额高的，整个项目算工程；货物部分金额高的，整个项目算货物；服务部分金额高的，整个项目算服务。

例如园林绿化项目。如果挖坑栽树、挖洞蓄水、护坡围栏这部分工作量大、金额高，那么这是一个绿化工程项目。如果没有太多上述工作，就只是简单地栽树种花，花木部分金额高，那么这是一个货物采购项目——花木采购。如果工作量主要是整个项目周期内的绿植保养维护，这部分的金额高，那么这是一个绿化服务项目。

1.2.1 企业采购领域依法可以不招标的法律规定

企业采购领域依法必须招标的项目范围和规模标准，见《必须招标的工程项目规定》和《必须招标的基础设施和公用事业项目范围规定》。不属于依法必须招标范围内的项目，或者没有达到依法必须招标的规模标准的项目，都可以**依法不招标**。二者必须同时具备，才属于依法必须招标项目。

即使是属于依法必须招标项目，符合下列法律规定的仍然可以**依法不招标：**

《招标投标法》第六十六条　涉及国家安全、国家秘密、抢险救灾或者属于利用扶贫资金实行以工代赈、需要使用农民工等特殊情况，不适宜进行招标的项目，按照国家有关规定可以不进行招标。

《招标投标法实施条例》第九条　除招标投标法第六十六条规定的可以不进行招标的特殊情况外，有下列情形之一的，可以不进行招标：（一）需要采用不可替代的专利或者专有技术；（二）采购人依法能够自行建设、生产或者提供；（三）已通过招标方式选定的特许经营项目投资人依法能够自行建设、生产或者提供；（四）需要向原中标人采购工程、货物或者服务，否则将影响施工或者功能配套要求；（五）国家规定的其他特殊情形。招标人为适用前款规定弄虚作假的，属于招标投标法第四条规定的规避招标。

《工程建设项目施工招标投标办法》第十二条　依法必须进行施工招标的工程建设项目有下列情形之一的，可以不进行施工招标：（一）涉及国家安全、国家秘密、抢险救灾或者属于利用扶贫资金实行以工代赈需要使用农民工等特殊情况，不适宜进行招标；（二）施工主要技术采用不可替代的专利或者专有技术；（三）已通过招标方式选定的特许经营项目投资人依法能够自行建设；（四）采购人依法能够自行建设；（五）在建工程追加的附属小型工程或者主体加层工程，原中标人仍具备承包能力，并且其他人承担将影响施工或者功能配套要求；（六）国家规定的其他情形。

《工程建设项目勘察设计招标投标办法》第四条　按照国家规定需要履行项目审批、核准手续的依法必须进行招标的项目，有下列情形之一的，经项目审批、核准部门审批、核准，项目的勘察设计可以不进行招标：（一）涉及国家安全、国家秘密、抢险救灾或者属于利用扶贫资金实行以工代赈、需要使用农民工等特殊情况，不适宜进行招标；（二）主要工艺、技术采用不可替代的专利或者专有技术，或者其建筑艺术造型有特殊要求；（三）采购人依法能够自行勘察、设计；（四）已通过招标方式选定的特许经营项目投资人依法能够自行勘察、设计；（五）技术复杂或专业性强，能够满足条件的勘察设计单位少于三家，不能形成有效竞争；（六）已建成项目需要改、扩建或者技术改造，由其他单位进行设计影响项目功能配套性；（七）国家规定其他特殊情形。

具体到国务院各部门规章、各地方性法规和地方政府规章，还有很多依法不招标的法律规定。投标人要善于利用这些依法不招标的法律规定，引导招标人在项目立项审批时朝有利于投标人的方向去立项报批。

1.2.2　政府采购领域依法不公开招标的法律规定

没有达到当地财政部门制定的公开招标数额标准的政府采购项目可以不招标。具体各地方政府制定的公开招标数额标准，见本书的姊妹书《夺标·合规高效的招标管理》附录。

即使是达到当地财政部门制定的公开招标数额标准的依法必须公开招标的政府采购项目，如果符合下列《政府采购法》规定情形，或者需要落实政府采购政策等特殊情形，经设区市以上财政部门同意，也本书的可以不公开招标。

《政府采购法实施条例》第二十三条　采购人采购公开招标数额标准以上的货物或者服务，符合政府采购法第二十九条、第三十条、第三十一条、第三十二条规定情形或者有需要执行政府采购政策等特殊情况的，经设区的市级以上人民政府财政部门批准，可以依法采用公开招标以外的采购方式。

《政府采购法》第二十九条　符合下列情形之一的货物或者服务，可以依照本法采用邀请招标方式采购：（一）具有特殊性，只能从有限范围的供应商处采购的；（二）采用公开招标方式的费用占政府采购项目总价值的比例过大的。

第三十条　符合下列情形之一的货物或者服务，可以依照本法采用竞争性谈判方式采购：（一）招标后没有供应商投标或者没有合格标的或者重新招标未能成立的；（二）技术复杂或者性质特殊，不能确定详细规格或者具体要求的；（三）采用招标所需时间不能满足用户紧急需要的；（四）不能事先计算出价格总额的。

第三十一条　符合下列情形之一的货物或者服务，可以依照本法采用单一来源方式采购：（一）只能从唯一供应商处采购的；（二）发生了不可预见的紧急情况不能从其他供应商处采购的；（三）必须保证原有采购项目一致性或者服务配套的要求，需要继续从原供应商处添购，且添购资金总额不超过原合同采购金额百分之十的。

第三十二条　采购的货物规格、标准统一、现货货源充足且价格变化幅度小的政府采购项目，可以依照本法采用询价方式采购。

政府采购政策，是指通过制定采购需求标准、预留采购份额、价格评审优惠、优先采购等措施，实现节约能源、保护环境、扶持不发达地区和少数民族地区、促进中小企业发展等目标。

1.3 管控法律风险

社会上流传着一些说法,"招标就是走过场,中标就是靠关系"。这样的说法说明对招标投标的认识太肤浅、太狭隘。每个人家里都希望有一位理财能手,能把自己家里的钱使用得井井有条,有章有法。国家在使用大笔的国家财产、人民财产的时候,也希望大家使用得有章法一点、有规矩一点,所以制定了《招标投标法》和《政府采购法》及其配套法律规定。在招标采购时,招标人和投标人都需要遵循一个比较规范的招标规则、招标流程。如果投标人在参与招标活动时,串通投标、弄虚作假、违法违规,将面临严重的法律风险。

关系是什么?关系是我们传递价值的桥梁。一个企业只做两件事情:创造价值和传递价值。没有关系这座桥梁,产品和方案的价值就传递不过去。现在新上任的政府部门领导和国企的高管,都想好好地干出一番政绩、业绩。投标人可以很好地帮助他们把项目做好,帮助他们干出一番成绩来,这就是最好的稳定关系的方法。现在法规越来越完善,监管也越来越严格,光靠关系就能拿标的时代早就像炒房的黄金时代一样,一去不复返。

确保投标行为合法合规,是投标人进行投标活动时铁的纪律。先花钱收买某些招标方人员,投标时再邀请一批投标人陪标,这样的违法操作将面临严重的行政和刑事处罚。因为违法违规行为导致**废标**并承担相应法律后果,是我们投标人必须规避的法律风险。

本书所称"**废标**"是遵循业内的习惯叫法,在现行法规里,有的称之为"否决投标",有的称之为"投标无效"。

1.3.1 串通投标的风险管控

1. 属于投标人串通投标的行为

《招标投标法实施条例》第三十九条 禁止投标人相互串通投标。有下列情形之一的,属于投标人相互串通投标:(一)投标人之间协商投标报价等投标文件的实质性内容;(二)投标人之间约定中标人;(三)投标人之间约定部分投标人放弃投标或者中标;(四)属于同一集团、协会、商会等组织成员的投标人按照该组织要求协同投标;(五)投标人之间为谋取中标或者排斥特定投标人而采取的其他联合行动。

投标人协商报价，在最终投标报价中往往呈现出一定的规律性。如果评标方法是最低价中标或者最低价得最高分，所有有效投标人的报价往往会很整齐地偏高，从而严重偏离市场行情。如果评标方法是接近某平均值中标或者最接近某平均值的报价得最高分，那么绝大部分投标人的报价呈现很规律的高、中、低分布，分别是高位拉价区、预计中标区和低位保护区；或者有一批投标人的报价呈等差数列、阶梯状分布，这些投标人的报价就像一张渔网在捕捉这个平均值的位置。

投标人约定中标人，或约定部分投标人放弃投标或者中标，或按上一级单位要求协同投标，在实施约定行为时，总是会留有一些证据在某些人手上，不知道哪一天会因为某个莫名其妙的原因，一个案件牵连一个案件地会把你牵扯进来。

 案例分析

四川省审计厅自2018年起对《"8·8"九寨沟地震灾后恢复重建总体规划》中涉及的200多个项目实施了跟踪审计工作，涉案项目即是其中的一个污水处理站修建项目，中标金额1500万元。审计厅对该项目进行摸排时，发现项目施工现场负责人并非施工单位员工。审计人员通过翻阅招标文件以及开评标资料后，发现了更多的疑点：招标文件设置了《招标投标法》所禁止的"门槛"——要求投标企业必须是在阿坝州注册企业。从中标结果看，中标的企业系报价最高的企业且未受到投诉和质疑，同时招标投标公示期满第二天，共计240万元的投标保证金就已退还给投标企业，不符合日常操作习惯。

审计人员介绍，基于这些疑点，审计厅计划继续查阅其他投标单位的投标材料，但相关单位表示"材料已丢失"。审计厅随即启动协查程序，通过核查银行流水，发现了关键线索——该项目中两家投标单位缴纳的投标保证金均来自同一个账户。

据此，2023年1月，审计厅将该线索移送到省公安厅。省公安厅高度重视，由省公安厅牵头，并抽调阿坝、松潘精干警力组成专案组全力开展破案攻坚。通过侦查发现，实际上全部六家投标单位缴纳的投标保证金均来自同一个自然人。目前，该案已抓获3名主要犯罪嫌疑人，并移送人民检察院审查起诉。

2. 视为投标人串通投标的现象

《招标投标法实施条例》第四十条 有下列情形之一的，视为投标人相互串通投标：（一）不同投标人的投标文件由同一单位或者个人编制；（二）不同投标人委托同一单位或者个人办理投标事宜；（三）不同投标人的投标文件载明的项目管理成员为同一人；（四）不同投标人的投标文件异常一致或者投标报价呈规律性差异；（五）不同投标人的投标文件相互混装；（六）不同投标人的投标保证金从同一单位或者个人的账户转出。

"视为"和"属于"的意思不同。"属于"已经定性，即触犯了刑法，情节严重程度到需要接受刑事处罚。"视为"则是用来废标的，是否触犯刑法还需要另寻证据。

不同投标人的投标文件由同一单位或者个人编制，或不同投标人委托同一单位或者个人办理投标事宜，往往表现为两份投标文件是由同一个IP地址上传，或两份投标文件的机器码或文件码一致。仅IP地址一致不能直接定性为串通投标，需要进一步调查排除其在同一栋楼办公共享IP地址等情形，但是招标人可以据此废标。机器码、文件码、CPU序列号、硬盘序列号、报价软件密码锁用户信息一致可以直接定性为串通投标，是否需要移送司法机关则视情节轻重而定。

现在，大数据和通信技术相结合，能通过手机定位到某几家投标人的授权代表甚至法定代表人过去一段时间的行为轨迹，有时候通过开标现场的观察也能发现一些需要进一步调查的线索，比如几家投标人的授权代表同进同出。

有时候在述标答辩环节也能观察到这么一种现象，只有一家投标人的述标代表的述标表现井井有条、逻辑清晰、PPT制作精美，而剩下的几家投标人的述标PPT则有点儿粗制滥造、逻辑混乱。

如果几家投标人之间有共同的老板背景或品牌背景，通过一些网络平台也可以查到一些蛛丝马迹。

不同投标人的投标文件异常一致可以认定为串通投标，通常是两份投标文件的内容出现两处及以上的雷同。两份投标文件只有一处雷同不能简单废标，只能作为串通投标的线索，需要进一步的查证。

 案例分析

据媒体报道，许昌禹州市5亿元公路改建工程项目在招标投标过程中，出现两家投标企业报出9位数完全一致的投标价，疑涉嫌串标。而这两家企业此前还因参与串通投标被列入"黑名单"，更是引发其他投标企业对其投标资格的质疑。对此，该项目招标代理机构表示，在前期的资格审查中，按照招标文件中所公示的网站进行查询，投标人资格未发现异样。招标人禹州市公路管理局则书面回复称，根据提供的材料无法作为认定这两家公司在本次招标项目中相互串通投标的依据。

不同投标人的投标文件载明的项目管理成员为同一人，或不同投标人的投标保证金从同一单位或者个人账户转出，或不同投标人的投标文件相互混装，这样简单明显的错误应该很少有人会触犯。

3. 属于招标人与投标人串通投标的行为

《招标投标法实施条例》第四十一条 禁止招标人与投标人串通投标。有下列情形之一的，属于招标人与投标人串通投标：（一）招标人在开标前开启投标文件并将有关信息泄露给其他投标人；（二）招标人直接或者间接向投标人泄露标底、评标委员会成员等信息；（三）招标人明示或者暗示投标人压低或者抬高投标报价；（四）招标人授意投标人撤换、修改投标文件；（五）招标人明示或者暗示投标人为特定投标人中标提供方便；（六）招标人与投标人为谋求特定投标人中标而采取的其他串通行为。

招标投标程序经过几十个国家两百多年的实践，已经相当成熟与完善。规规矩矩地按照法定的招标程序进行招标活动，一般不会出现问题。招标人和投标人串通投标时往往会呈现出一些异常的、少见的操作程序或游戏规则。特别是评标方法中的那些不合法、不合规的设定，是内外勾结式串通投标的重灾区。掌握投标人与招标人标前接触的分寸，不触犯上述法律规定，是投标人需要特别注意的地方。

4. 串通投标的法律后果

《招标投标法》第五十三条 投标人相互串通投标或者与招标人串通投标的，投标人以向招标人或者评标委员会成员行贿的手段谋取中标的，中标无效，处中标项目金额千分之五以上千分之十以下的罚款，对单位直接负责的主管人员和其他直接责任人员处单位罚款数额百分之五以上百分之十以下的罚款；有违法所得的，并处没收违法所得；情节严重的，取消其一年至二年内参加依法必须进行招标的项目的投标资格并予以公告，直至由工商行政管理机关吊销营业执照；构成犯罪的，依法追究刑事责任。给他人造成损失的，依法承担赔偿责任。

《招标投标法实施条例》第六十七条 投标人相互串通投标或者与招标人串通投标的，投标人向招标人或者评标委员会成员行贿谋取中标的，中标无效；构成犯罪的，依法追究刑事责任；尚不构成犯罪的，依照招标投标法第五十三条的规定处罚。投标人未中标的，对单位的罚款金额按照招标项目合同金额依照招标投标法规定的比例计算。投标人有下列行为之一的，属于招标投标法第五十三条规定的情节严重行为，由有关行政监督部门取消其1年至2年内参加依法必须进行招标的项目的投标资格：（一）以行贿谋取中标；（二）3年内2次以上串通投标；（三）串通投标行为损害招标人、其他投标人或者国家、集体、公民的合法利益，造成直接经济损失30万元以上；（四）其他串通投标情节严重的行为。投标人自本条第二款规定的处罚执行期限届满之日起3年内又有该款所列违法行为之一的，或者串通投标、以行贿谋取中标情节特别严重的，由工商行政管理机关吊销营业执照。法律、行政法规对串通投标报价行为的处罚另有规定的，从其规定。

《中华人民共和国刑法》第二百二十三条 投标人相互串通投标报价，损害招标人或者其他投标人利益，情节严重的，处三年以下有期徒刑或者拘役，并处或者单处罚金。投标人与招标人串通投标，损害国家、集体、公民的合法利益的，依照前款的规定处罚。

《最高人民检察院 公安部关于公安机关管辖的刑事案件立案追诉标准的规定（二）》第六十八条 【串通投标案（刑法第二百二十三条）】投标人相互串通投标报价，或者投标人与招标人串通投标，涉嫌下列情形之一的，应予立案追诉：（一）损害招标人、投标人或者国家、集体、公民的合法利益，造成直接经济损失数额在五十万元以上的；（二）违法所得数额在二十万元以上的；（三）中标项目金额在四百万元以上的；（四）采取威胁、欺骗或者贿赂等非法手段的；（五）虽未达到上述数额标准，但二年内因串通投标受过二次以上行政处罚，又串通投标的；（六）其他情节严重的情形。

1.3.2 借用他人名义投标和弄虚作假行为的风险管控

《招标投标法实施条例》第四十二条 使用通过受让或者租借等方式获取的资格、资质证书投标的，属于招标投标法第三十三条规定的以他人名义投标。投标人有下列情形之一的，属于招标投标法第三十三条规定的以其他方式弄虚作假的行为：（一）使用伪造、变造的许可证件；（二）提供虚假的财务状况或者业绩；（三）提供虚假的项目负责人或者主要技术人员简历、劳动关系证明；（四）提供虚假的信用状况；（五）其他弄虚作假的行为。

1. 借用他人名义投标的挂靠行为

信用中国、国家企业信用信息公示平台、中国裁判文书网、中国政府采购网、住房和城乡建设部（"四库一平台"）等网站都可以动态核查投标人的资格、资质证书。与投标相关人员的社会保险、职称、职业资格证书等也即将全国联网、查询，挂靠证书变得不可行。

招标人通常会鼓励竞争对手之间互相举报、揭发。因为投标人之间互为同行、互为竞争对手，比招标人更清楚谁有资质，谁没有资质，谁提供的资料有问题、不真实。

2. 投标人的弄虚作假行为

除了核查投标人以往项目合同内容、印章、发票、验收报告、项目网页截屏等之外，招标人更多地采用实地考察的方法，调查核实相关情况。比如到工地询问项目经理，他们单位的财务报销流程有哪些，看项目经理是不是中标单位的人；到工地问开挖掘机的工人，看这台设备是不是属于中标单位的。到工程项目现场，看工程是否真实存在，施工单位及项目负责人、监理单位及总监理工程师、工程的建设规模和相关技术指标、实际的工程开工竣工时间等是否与投标文件里描述的一致，包括核实经营场所的房产证、租赁合同、现场照片等。

3. 挂靠和弄虚作假的法律后果

《招标投标法》第五十四条　投标人以他人名义投标或者以其他方式弄虚作假，骗取中标的，中标无效，给招标人造成损失的，依法承担赔偿责任；构成犯罪的，依法追究刑事责任。依法必须进行招标的项目的投标人有前款所列行为尚未构成犯罪的，处中标项目金额千分之五以上千分之十以下的罚款，对单位直接负责的主管人员和其他直接责任人员处单位罚款数额百分之五以上百分之十以下的罚款；有违法所得的，并处没收违法所得；情节严重的，取消其一年至三年内参加依法必须进行招标的项目的投标资格并予以公告，直至由工商行政管理机关吊销营业执照。

《招标投标法实施条例》第六十八条　投标人以他人名义投标或者以其他方式弄虚作假骗取中标的，中标无效；构成犯罪的，依法追究刑事责任；尚不构成犯罪的，依照招标投标法第五十四条的规定处罚。依法必须进行招标的项目的投标人未中标的，对单位的罚款金额按照招标项目合同金额依照招标投标法规定的比例计算。投标人有下列行为之一的，属于招标投标法第五十四条规定的情节严重行为，由有关行政监督部门取消其1年至3年内参加依法必须进行招标的项目的投标资格：（一）伪造、变造资格、资质证书或者其他许可证件骗取中标；（二）3年内2次以上使用他人名义投标；（三）弄虚作假骗取中标给招标人造成直接经济损失30万元以上；（四）其他弄虚作假骗取中标情节严重的行为。投标人自本条第二款规定的处罚执行期限届满之日起3年内又有该款所列违法行为之一的，或者弄虚作假骗取中标情节特别严重的，由工商行政管理机关吊销营业执照。

第六十九条　出让或者出租资格、资质证书供他人投标的，依照法律、行政法规的规定给予行政处罚；构成犯罪的，依法追究刑事责任。

弄虚作假可能面临的刑事罪责，包括伪造公文证章罪、社保诈骗罪、虚开发票罪、非法经营罪、合同诈骗罪。投标人以虚假材料骗取中标、签订合同，如果拿到预付款就走人，或项目实施过程中中途离开，都属于合同诈骗罪。投标人以虚假材料骗取中标，但严格按规定实施项目，未发生携款潜逃的，不属于合同诈骗罪。一个人同时缴纳两份社会保险的行为，属于社保诈骗罪。

《中华人民共和国刑法》第二百二十四条　**【合同诈骗罪】**有下列情形之一，以非法占有为目的，在签订、履行合同过程中，骗取对方当事人财物，数额较大的，处三年以下有期徒刑或者拘役，并处或者单处罚金；数额巨大或者有其他严重情节的，处三年以上十年以下有期徒刑，并处罚金；数额特别巨大或者有其他特别严重情节的，处十年以上有期徒刑或者无期徒刑，并处罚金或者没收财产：（一）**以虚构的单位或者冒用他人名义签订合同的**；（二）以伪造、变造、作废的票据或者其他虚假的产权证明作担保的；（三）没有实际履行能力，以先履行小额合同或者部分履行合同的方法，诱骗对方当事人继续签订和履行合同的；（四）**收受对方当事人给付的货物、货款、预付款或者担保财产后逃匿的**；（五）**以其他方法骗取对方当事人财物的**。

第二百二十四条之一　**【组织、领导传销活动罪】**组织、领导以推销商品、提供服务等经营活动为名，要求参加者以缴纳费用或者购买商品、服务等方式获得加入资格，并按照一定顺序组成层级，直接或者间接以发展人员的数量作为计酬或者返利依据，引诱、胁迫参加者继续发展他人参加，骗取财物，扰乱经济社会秩序的传销活动的，处五年以下有期徒刑或者拘役，并处罚金；情节严重的，处五年以上有期徒刑，并处罚金。

第二百零五条之一　虚开本法第二百零五条规定以外的其他发票，情节严重的，处二年以下有期徒刑、拘役或者管制，并处罚金；情节特别严重的，处二年以上七年以下有期徒刑，并处罚金。单位犯前款罪的，对单位判处罚金，并对其直接负责的主管人员和其他直接责任人员，依照前款的规定处罚。

第二百二十五条　**【非法经营罪】**违反国家规定，有下列非法经营行为之一，扰乱市场秩序，情节严重的，处五年以下有期徒刑或者拘役，并处或者单处违法所得一倍以上五倍以下罚金；情节特别严重的，处五年以上有期徒刑，并处违法所得一倍以上五倍以下罚金或者没收财产：（一）未经许可经营法律、行政法规规定的专营、专卖物品或者其他限制买卖的物品的；（二）买卖进出口许可证、进出口原产地证明以及其他法律、行政法规规定的经营许可证或者批准文件的；（三）未经国家有关主管部门批准非法经营证券、期货、保险业务的，或者非法从事资金支付结算业务的；（四）**其他严重扰乱市场秩序的非法经营行为。**

第二百八十条　**【伪造、变造、买卖国家机关公文、证件、印章罪；盗窃、抢夺、毁灭国家机关公文、证件、印章罪】**伪造、变造、买卖或者盗窃、抢夺、毁灭国家机关的公文、证件、印章的，处三年以下有期徒刑、拘役、管制或者剥夺政治权利，并处罚金；情节严重的，处三年以上十年以下有期徒刑，并处罚金。

【伪造公司、企业、事业单位、人民团体印章罪】伪造公司、企业、事业单位、人民团体的印章的，处三年以下有期徒刑、拘役、管制或者剥夺政治权利，并处罚金。

【伪造、变造、买卖】伪造、变造、买卖居民身份证、护照、社会保障证、驾驶证等依法可以用于证明身份的证件的，处三年以下有期徒刑、拘役、管制或者剥夺政治权利，并处罚金；情节严重的，处三年以上七年以下有期徒刑，并处罚金。

第一百九十八条　**【保险诈骗罪】**有下列情形之一，进行保险诈骗活动，数额较大的，处五年以下有期徒刑或者拘役，并处一万元以上十万元以下罚金；数额巨大或者有其他严重情节的，处五年以上十年以下有期徒刑，并处二万元以上二十万元以下罚金；数额特别巨大或者有其他特别严重情节的，处十年以上有期徒刑，并处二万元以上二十万元以下罚金或者没收财产：（一）**投保人故意虚构保险标的，骗取保险金的**；（二）投保人、被保险人或者受益人对发生的保险事故编造虚假的原因或者夸大损失的程度，骗取保险金的；（三）投保人、被保险人或者受益人编造未曾发生的保险事故，骗取保险金的；（四）投保人、被保险人故意造成财产损失的保险事故，骗取保险金的；（五）投保人、受益人故意造成被保险人死亡、伤残或者疾病，骗取保险金的。有前款第四项、第五项所列行为，同时构成其他犯罪的，依照数罪并罚的规定处罚。单位犯第一款罪的，对单位判处罚金，并对其直接负责的主管人员和其他直接责任人员，处五年以下有期徒刑或者拘役；数额巨大或者有其他严重情节的，处五年以上十年以下有期徒刑；数额特别巨大或者有其他特别严重情节的，处十年以上有期徒刑。保险事故的鉴定人、证明人、财产评估人故意提供虚假的证明文件，为他人诈骗提供条件的，以保险诈骗的共犯论处。

 案例分析

北京建工一建工程建设有限公司（以下简称北京建工一建公司）和创分公司于2014年6月承建清华附中体育馆及宿舍楼建筑工程（以下简称清华附中工程项目）过程中，于同年12月29日，因施工方安阳诚成建筑劳务有限责任公司施工人员违规施工，致使施工基坑内基础底板上层钢筋网坍塌，造成在此作业的多名工人被挤压在上下层钢筋网间，最终导致10人死亡、4人受伤。

调查结果：叶某某，清华附中工程项目备案项目经理，长期未到岗履行项目经理职责。其明知在清华附中工程项目投标时，已被北京建工一建公司安排至朝阳区望京综合体育馆工程担任项目执行经理，仍未拒绝使用其项目经理资格参与清华附中工程项目招标投标。

处罚结果：现场实际执行经理杨某某被重判，挂靠项目经理被吊销执业证书，终身不予注册，未判刑事犯罪。

其他：法院根据相关的事实及证据认定，被告人杨某某、王某某、王某某、曹某某、荆某、张某某、张某某、赵某某、田某某、李某、李某某、郝某某、张某某、田某某、耿某某在生产、作业中违反有关安全管理的规定，因而发生重大伤亡事故，情节特别恶劣，其行为均已触犯刑法规定，构成重大责任事故罪。法院据此分别判处杨某某等14名被告3年至6年不等的有期徒刑，判处被告耿某某有期徒刑3年，缓刑3年。

4. 非法转包与违法分包

挂靠与转包是一对孪生兄弟。**转包**就是中标人把中标项目整体或支解后全部分包给他人，是一种典型的违法行为。但中标人可以按照合同约定或经招标人同意，把中标项目中部分非主体、非关键性的工作**分包**给他人完成。主体好理解，如一栋建筑的主体结构之类的。关键性工作不好理解，各个行业对于哪些工作内容是关键性工作，其实没有一个明确的定义。这里面就存在一定的争议空间，比如某广告公司把中标的广告项目的设计和制作全部分包出去了，这样算不算是转包呢？其实根据广告行业的特点，完全可以定义广告创意和资源整合能力才是关键性工作，所以这不算转包。

什么是违法分包呢？

违法分包就是把项目分包给一个没有相应资格、资质的单位去操作。分包之后的再分包也属于违法分包。

问：甲指分包是否属于违法分包？

《工程建设项目施工招标投标办法》第三十六条　投标人根据招标文件载明的项目实际情况，拟在中标后将中标项目的部分非主体、非关键性工作进行分包的，应当在投标文件中载明。

第六十六条　招标人不得直接指定分包人。

《房屋建筑和市政基础设施工程施工分包管理办法》第七条　建设单位不得直接指定分包工程承包人。

第九条　专业工程分包除在施工总承包合同中有约定外，必须经建设单位认可。专业分包工程承包人必须自行完成所承包的工程。

虽然《工程建设项目施工招标投标办法》和《房屋建筑和市政基础设施工程施工分包管理办法》都有发包人不得指定分包人的法律规定，但是它们的层级都很低。这样的层级不会导致指定分包的合同无效。

同时要看到另外一种趋势，就是新的法规对指定分包越来越宽容了，以后的趋势可能就是法律允许了。实际上，在国外甲方指定分包商是非常常见的现象，主要从一个愿打一个愿挨的角度来判断和解决问题。

《最高人民法院关于审理建设工程施工合同纠纷案件适用法律问题的解释（一）》第十三条　发包人具有下列情形之一，造成建设工程质量缺陷，应当承担过错责任：（一）提供的设计有缺陷；（二）提供或者指定购买的建筑材料、建筑构配件、设备不符合强制性标准；（三）直接指定分包人分包专业工程。承包人有过错的，也应当承担相应的过错责任。

这个法律规定的意思就是发包人指定分包人是一种过错，仅此而已。发包人一般不对工程质量承担责任，但是如果工程出现质量问题，指定分包的发包人就要承担责任。如果没有出现质量问题，那指定分包就没有太大的问题。

《建筑工程施工发包与承包违法行为认定查处管理办法》第六条 存在下列情形之一的，属于违法发包：（一）建设单位将工程发包给个人的；（二）建设单位将工程发包给不具有相应资质的单位的；（三）依法应当招标未招标或未按照法定招标程序发包的；（四）建设单位设置不合理的招标投标条件，限制、排斥潜在投标人或者投标人的；（五）建设单位将一个单位工程的施工分解成若干部分发包给不同的施工总承包或专业承包单位的。

《建筑工程施工转包违法分包等违法行为认定查处管理办法（试行）》第五条 存在下列情形之一的，属于违法发包：……（七）建设单位违反施工合同约定，通过各种形式要求承包单位选择其指定分包单位的……

这个法律规定更有意思，它直接把指定分包属于违法发包这一条，在最新的《建筑工程施工发包与承包违法行为认定查处管理办法》中删掉了。可以对比一下新旧两个规定。

我们再看看《中华人民共和国建筑法》(以下简称《建筑法》)的规定。

《建筑法》第二十五条 按照合同约定，建筑材料、建筑构配件和设备由工程承包单位采购的，发包单位不得指定承包单位购入用于工程的建筑材料、建筑构配件和设备或者指定生产厂、供应商。

《建筑法》只说了发包人不能指定乙供材料，并没有说发包人不能指定工程分包。所以作为承包人（投标人），可以依据《工程建设项目施工招标投标办法》和《房屋建筑和市政基础设施工程施工分包管理办法》向发包人（招标人）发难，对甲方招标中的甲指分包问题提出异议。

同时也有另外一种选择。虽然发包人强买强卖有违合同精神——平等自愿，但是做生意讲究实力对比、和气生财。顺应发包人指定分包的要求，一起合法合规地走采购流程、签合同，只是在签合同的时候把话说在前面，除指定分包之外，该指定分包人不享受任何额外待遇，后期就是一个严格的、正规的总分包模式。然后，合同签订时严格，控制付款方式，严格管理该分包人，明晰违约责任。这在目前指定分包的法律尚不清晰、不完善的环境下，可能是更好的选择，如图1-4所示。

图1-4 甲指分包

具体合法合规的操作方法如下：

（1）发包人在招标文件中主动表明允许分包的范围，并要求投标人在投标文件中填报拟分包内容和分包人名称；

（2）承包人与该指定分包人谈判，包括价格、付款方式和总包管理费等，签署一份附加条件生效合同（中标才会生效的合同）；

（3）承包人提交附有指定分包人名称的分包方案的投标文件去投标；

（4）承包人中标后将这部分工作内容直接分包给该指定分包人，并严格按照总分包模式管理，避免该指定分包人与发包人直接发生关系。

1.3.3 低价中标的风险管控

有时候出于特殊的考虑，投标价格会报得很低，这样就有可能遇到其他投标人的投诉，或者评标委员会干脆将其废标。这个时候应该怎么办？

如果确实因为技术进步，或其他特殊理由，能够极大地降低项目成本，投标人可以详细地进行成本分析说服招标人接受其报价。

如果仅仅是为了让利于招标人，或者为了长远利益而牺牲眼前利益，那投标人就向对方承诺其会诚信履约、保证质量，并举例向对方说明市场动向与立法趋势。

例如当年中国电信3G网络设备招标时，华为技术有限公司（以下简称华为公司）的投标报价6.9亿元，中兴通讯股份有限公司（以下简称中兴通讯）的投标报价70亿元，两家外国公司报价都在100亿元以上，最后华为公司中标。整个项目最终也运作良好。

其实，政府采购领域从2017年开始就不再执行"投标人报价不得低于成本"的规定了。

《政府采购货物和服务招标投标管理办法》第六十条　评标委员会认为投标人的报价明显低于其他通过符合性审查投标人的报价，有可能影响产品质量或者不能诚信履约的，应当要求其在评标现场合理的时间内提供书面说明，必要时提交相关证明材料；投标人不能证明其报价合理性的，评标委员会应当将其作为无效投标处理。

2017年全国人大常委会也在《反不正当竞争法》修订时将原来的第十一条"经营者不得以排挤竞争对手为目的，以低于成本的价格销售商品"整条删掉了。

而1.1.1小节中讲《招标投标法》修改趋势时讲过，这一次《招标投标法》的修订可能会把"投标人不得以低于成本的报价竞标"这一条规定删掉。

 本章案例分析

2017年3月17日，中国政府采购网发布《厦门市信息中心厦门务实-公开招标-2017-WS034厦门市政务外网云服务中标公告》，显示中标供应商名称为腾讯云计算（北京）有限责任公司（以下简称腾讯云），总中标金额为0.000001万元（人民币）。

参与投标的各投标人报价如下：
腾讯云0.01元
中国移动福建公司2698248.00元
中国电信厦门分公司1700000.00元
中国联通联通云3093350.00元
厦门纵横集团2900000.00元

 分析

1. 本项目是一个政府采购的货物招标，价格满分一般为30分。按政府采购综合评分法价格分计算公式，腾讯云得30分，其他投标人得分全部接近于0分。30分的分数差距，依靠其他方面是怎么也追不上的，腾讯云稳稳中标。

2. 2016年底，我国加入WTO十五年保护期结束，之后政府采购领域就必须按照世界贸易组织《WTO政府采购协议》的相关规定以及国际惯例，不再执行"投标人报价不得低于成本"的规定。

3. 2017年3月，《政府采购货物和服务招标投标管理办法》还没有发布，所以这个项目还是有人质疑的，腾讯云的质疑回复函里写道："这个项目是一个大数据的价值挖掘与利用的项目。这种大数据的挖掘与利用是可以无限延展和复制的，我们有信心最终把成本摊薄到1分钱以下。"无限就是逼近于0，此回复理论上能站得住脚。

4. 政务云项目后期有很多利用价值。数据时代数据最值钱。腾讯云没花钱就获得广大市民的数据，是一笔划算的买卖。

5. 腾讯云这次低价中标，深圳市腾讯计算机系统有限公司（简称腾讯公司）当一个大PR事件（公关宣传）操作一番就已经回本。

6. 2016年，马化腾在腾讯云发布会上宣布将腾讯云提升到集团战略。同年，腾讯公司和福建省人民政府在广州签署了战略合作协议。腾讯公司能得到当地政府的支持是本项目得以顺利实施的关键。

第2章 标前控制

2.1 与招标人接触

2.1.1 中标的奥秘

投标不是一场进京的赶考。投标人坐在那里等着招标人发放试卷（招标文件），然后投标人填写并提交一份答卷（投标文件），再交由阅卷老师（评标委员会成员）按照事先拟定的阅卷标准（评标方法）评判这份答卷，考得最好（排名第一）的中标。

首先，会考试的不一定会干活。我们的亲身经历早就告诉我们这一点。

其次，"买的不如卖的精"。招标人出于对所采购事物的专业性不够和对市场的把握也不够的原因，他们对自己编写的招标文件是否完善，评标方法的设计是否精准科学，是不是真的能够筛选出最优秀的投标人，心里是没底的。

在这种情况下，招标人多半会选择在招标前与潜在投标人进行接触，利用投标人更专业、更懂市场行情的优势，向投标人学习，把自己的采购需求弄得更清晰、更明确，把评标方法设计得更科学、更到位，以确保最终能筛选出最优秀的投标人。

从来没有任何法律规定禁止招标人和投标人进行这种招标前的接触。相反，在比较新的法规里面，比如2015年出台的《政府采购法实施条例》里面就已经明确提出，采购人可以就明确采购需求征求相关供应商的意见。2020年以来，国家政府采购领域甚至强制推行采购意向公开制度，就是为了鼓励招标人和投标人在招标之前多多接触。招标人通过与潜在投标人的交流、切磋来弥补自身专业性不足和不太了解市场行情这两大缺陷，以获得更好的政府采购效果。

在这种招标人与投标人的交流、学习过程中，不可避免地就会有投标人脱颖而出，赢得招标人的信任和依赖。招标人会感觉某一个投标人的产品和服务有特点，特别符合招标人采购项目的需要，或者其方案有优势，能最好地帮助自己实现项目的绩效，或者信赖这家单位的实力、信誉、企业文化和这群工作人员的人品，之后在制定招标规则、编制招标文件、设计评标方法时，对其有所倾斜，是水到渠成必然会发生的事情，也是应该发生的事情。

招标投标天生就是一场倾向性的活动。

我国法律法规里面只有《招标投标法》第二十条提到过一次招标投标活动中的倾向性问题，而官方的《招标投标法》释义里面对于第二十条的解释是"招标文件中的任何内容都不得载有倾向某一特定潜在投标人，排斥其他潜在投标人的内容。"即不可以在招标文件中以某一家独有的条件作为投标条件、加分条件、中标条件，通俗点说是"不可以拿某家独有的参数打星号"。只要不做到这种程度，招标人在招标活动中做倾向性的安排是招标人天生的权力。这里面是一个"**度**"的问题，也就是说招标人在做这种倾向性安排的时候，一定要恪守"合法、合规、合情、合理"八个字。

什么是"合法、合规"呢？

我们做招标投标工作，遵循私法，不遵循公法。政府部门在行使其公权力的时候遵循公法，法则是"法无授权不可为"。而私法的法则是"法不禁止皆可为"。我们国家的相关法律规定里对于招标人在制订招标规则、编制招标文件时，什么事情能做，什么事情不能做，都有很清晰的法律规定。凡是法律规定不允许的事情，大家就不做，这就叫作"合法、合规"。

什么是"合情、合理"呢？

招标人所有的倾向性安排是项目必需的，是对项目有正向推动作用的，同时向全世界公开，接受大家监督，有不合理的地方欢迎大家指出。如果把与采购项目无关的事项，或者会给项目带来负能量的事物拿来做倾向性的安排，就叫作"不合情、不合理"，它会招致投标人的异议、质疑、投诉和政府监管部门的行政处理。

《招标投标法》第二十条　招标文件不得要求或者标明特定的生产供应者以及含有倾向或者排斥潜在投标人的其他内容。

【《招标投标法》释义】本条是关于招标文件中不得载有歧视性内容的规定。

招标的目的是通过广泛地发布招标信息，争取多家潜在投标商的竞争，以择优确定中标人。因此，**招标文件中的任何内容都不得载有倾向某一特定潜在投标人，排斥其他潜在投标人的内容**。否则，将减少投标的竞争程度，影响招标质量。实践中，一些招标人与投标人串通，通过在招标文件中提出某些特殊要求的方法，使某些并非最佳人选的投标人甚至使完全不具备承担招标项目能力的投标人中标，轻则招标项目或迟延完工，或因质量不符合要求而返工，造成资金的大量浪费；重则工程交付使用后发生重大质量事故，造成国家财产和人民生命安全的巨大损失。这种行为在招标的各个环节都必须严格防范，坚决制止。为此，本条作了如下规定：

1. 招标文件不得要求或者标明特定的生产供应者。招标项目的技术规格除有国家强制性标准外，一般应当采用国际或国内公认的标准，各项技术规格均不得要求或标明某一特定的生产厂家、供货商、施工单位或注明某一特定的商标、名称、专利、设计及原产地。

2. 不得有针对某一潜在的投标人或排斥某一潜在投标人的规定。比如，实践中有的项目在国际招标中为使某一外国厂商中标提出不合理的技术要求，使其他潜在投标人因达不到这一技术要求而不能投标。有的投标人因在以前的招标项目中对招标人的某些行为提出过异议，在以后的招标中，招标人为排斥该投标人，在招标文件中故意提出不合理的要求，进行打击报复。这些行为根据本条的规定都是不合法的，应予禁止。

投标的实质是一场销售。

招标是采购，与它相对应的投标当然就是销售。投标是一种最高级的，也是最特殊的销售行为。所以在投标活动中，销售行为一点都不能少。投标人要想中标，就得充分利用这种发标之前与招标人的接触，赢得招标人的信任与依赖，利用专业优势和对市场行情的把握去影响招标人的倾向性，并协同招标人走好合法合规的招标采购流程，最终极大地提高中标概率。这才是投标人中标的关键。

2.1.2 投标的思想性

投标首先是一个**思想**问题，其次是一个**法律**问题，最后才是一个**技术**问题。

招标投标是一场"游戏"，也可以称之为"博弈"，其实在国外这两个词是一个意思"Game"。在招标投标这场游戏里，招标人总是希望可以控制得住局面，形成一种有序的竞争，以产生一位对自己最有利的中标人。而投标人绝不可以被动参与，必须发挥自己的主观能动性，想办法去影响招标人，让整个事态不断朝有利于自身的方向发展。

投标人凭什么去影响招标人？

凭的是投标人的专业性和对市场行情的把握。招标人如果希望采购效果好，就希望有人在这两个方面能帮到他。如果在所投项目上，投标人还不如招标人专业，就不适合从事这份投标工作。而且采购的频繁性远不如销售的频繁性，所以投标人对市场行情的掌握也应该比招标人更细致、更全面。

对招标投标活动有着正确而深刻的认识，对招标人的弱点有着精准的把握与利用，投标人就能提高中标概率。所以要想要把标投好，投标人首先需要具备高于常人的思想境界和认知水平，毕竟思想决定行动。

投标是一个法律问题，这分为两个层面的思考。

一是不要因为违法违规而产生废标，还给单位和个人带来一定的法律后果。这是1.3节专门介绍过的事情。

二是利用法律武器，打击竞争对手，保护自己。这是在第6章将要介绍的内容。

总之，不要为了中标，做违法违规的事情。

至于投标的技术性，体现在投标方案的准备、投标文件的编制、报价分析、述标技巧这些地方。这些投标的技术能力都是可以通过时间、经历去积累的。在后面几章会慢慢讲到。

2.1.3 标前接触内容和方法

1. 标前接触工作内容

（1）利用关系技巧建立良好的客户关系，可以更早地知道招标项目信息。

投标的准备工作都是需要花费时间的，包括资质办理、技术交流、入网选型等。例如某广州印刷单位投某部队的标，他们在这个项目上很有优势，和招标人的关系也相处得很好，但是在部队印制这批内部的流转单据时需要某项资质要到全军采购中心办理，按照办理周期已经赶不上这一次的招标了。最后某广州印刷单位很遗憾地放弃了此次投标。

更早打听到项目招标的信息很重要，不能只是等着看招标公告，等着招标人给你发"卷子"。了解招标信息除了"中国招标投标公共服务平台""中国政府采购网"等官方招标信息发布平台之外，还应该建立自己的独特渠道，包括与新老客户保持良好的日常沟通和互动（电话联系/登门拜访）、亲朋好友的介绍、行业的特定渠道（会展/招商会）或行业门户网站、专业的招标信息平台或招标机构、工程项目的设计院，还有专业的搜索技术提供商。

（2）了解招标人最真实的采购需求和想法，投标时即可"投其所好""命中要害"，这样才能确保投标方案有更好的响应性。例如某汽车公司曾经投标一个2000辆卡车的项目。招标文件要求最小离地间隙295mm，而某汽车公司的卡车离地间隙是245mm，所以某汽车公司在投标文件的技术差异表中如实填写了自己的参数，然后在偏离原因里解释了很多理由，最后因为这个原因使他们的标被废除。事后他们才了解到，招标人采购这批卡车是准备运送到福建山区的重要物资，而那一带的山区道路异常的崎岖。

（3）前期的技术交流，可以引导招标方向为本公司擅长的技术路线和产品特点。例如华为公司曾经投标某运营商，他们发现主要竞争对手中兴通讯的局端设备是有人值守的，而华为公司的局端设备是无人值守的。所以华为公司在和运营商做前期技术交流时，拼命地夸大和强调无人值守的局端设备对运营商的好处。最后运营商接受了他们的观点，在招标文件里明确要求局端设备无人值守。华为公司这一下就把自己最主要的竞争对手排除在竞争之外了。

（4）抓住对项目有决定权的、影响力大的人物的想法，留意未来可能的评标委员会感兴趣的地方。特别是需要述标的项目，知道这些人的想法，可以有针对性地准备述标材料，才能有更好的述标表现。这些人都是会出现在述标现场的。

2. 标前接触工作方法

我们可以利用下面的"项目投标策略分析表"（表2-1）梳理标前接触工作。

项目投标策略分析表

表2-1

项目投标策略分析表（项目名称：_____）

项目投标策略分析表（项目名称：_____）				
招标单位名称：_____ 招标代理机构：_____ 预期项目总价值：_____ 预计开始招标时间：_____			招标单位性质：政府机关 事业单位 国企 民企 其他 采购对象 工程 货物 服务 采购方式：公开招标 邀请招标 其他	
买方影响力角色类型 E-拍板人 U-使用者 T-守门员 C-教练	买方影响力性格类型 T-支配型 P-表现型 K-和谐型 O-分析型		注意：要想获得好的投标结果，就要尽可能地用你的产品或服务去迎合、满足每一个在客户中有影响力的人的自身关切	预计未来将涉及的法律法规和政策（名称、文号） 1. 2. 3. 打分标准：按实际兑现的买方影响力对本项目的影响程度打分。 支持我们的：+1～+5 反对我们的：-1～-5 红旗：不确定的、还没接触的、新参与的影响力
所有具有影响力的买方人员情况			买方影响力最关注所在	影响力评估
姓名	职位	部门	角色类型	性格类型	个人利益	企业利益	打分	解释你为什么打这么多分
我们目前面临的竞争态势			要点：一个好的客户策略会关注实力，减少不确定因素及设法消除红旗	为确保自身中标必须要做的事情和具体工作安排
主要竞争对手分析： 对手一： 对手二： 对手三：				控盘计划： 1.招标程序： 2.资格资质： 3.商务条款： 4.技术要求： 5.评标方法： 6.同行协调：
SWOT分析： 优势： 弱势： 红旗：				

表中第一行、第二行是项目基本情况，包括项目的立项（本书1.2节介绍过利用引导立项建立优势）及未来可能遇到的法律问题（具体法律体系和相关规定见本书的姊妹书《夺标·合规高效的招标管理》第2章）。

第三行、第四行是客户人物分析，包括招标人内部组织结构和采购流程，各相关人员的角色地位、性格特点（图2-1）、利益诉求，以及彼此互动的情况。

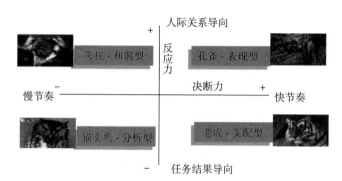

图2-1 客户性格分析

最后是竞争对手分析和后期的行动方案。

和招标单位相关人员的互动过程，要遵循如图2-2所示的流程。

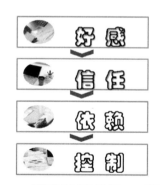

穿着打扮言行举止
目的性
能力
可视性证据

客户为什么要买？
客户为什么要向你买？
为什么客户持续地向你购买？

需求

供应商转换门槛

顾客让渡价值 = 顾客总价值 − 顾客总成本
产品、服务、品牌、人际　产品、时间、精力、体力

图2-2 标前接触核心流程

（1）建立信任。信任是一切关系的基础，没有信任一切将无从谈起。建立信任要从四个方面着手：

1）言行举止、穿着打扮。如果你穿着很潮，耳朵上还戴着个大耳环去拜访客户，客户会觉得你不靠谱，进而联想到你背后的团队是不是都是一些不靠谱的人，他怎么敢把项目交给你们来运作？如果客户跟你谈一些比较专业性的问题，你答不上来，客户就会觉得你没水平，进而怀疑你背后团队的水平，他怎么会愿意把项目给你们做？所以你的穿着打扮必须职业化——整洁、稳重、大方，同时你的言谈举止要体现出一定的专业性，这样就能给客户建立一个良好的第一印象。

2）诚意的表达很重要。你要让客户感觉你是传递价值的天使。产品或方案的价值传递过去了，大家都有好处。前面说过投标就是销售，销售就是传递价值。客户有一个需求，或有一个问题，或有一个困惑，我们利用自身的专业性帮助客户解决。客户这次不接受我们的帮助不要紧，只要客户有需求，我们还是愿意来帮忙。之所以这样行事，是因为我们相信只要真的帮到了客户，客户是不会亏待我们的。这种舍与得之间的关系，双赢的做事理念，付出一定会有回报的思想，要成为我们的价值观。

3）能力也很重要。能力分为两个方面，一是我们的亲和力、沟通力，通俗点说就是与客户交朋友的能力，让客户愿意把最真实的需要和想法跟我们分享；二是我们和背后的投标团队要有能力帮助客户解决问题。如果客户把项目需求都跟你讲了，你和你背后的团队却提供不了任何有价值的帮助，解决不了任何问题，那么还是无法和客户建立信任关系的。

4）可视的证据。拜访客户时要多带好的客户清单、权威机构的检测报告、方案的演示、样品的展示，用这些看得见、摸得着的东西增加客户对我们的信任。

（2）形成依赖。先回答三个问题：

1）客户为什么购买？因为他们有需求。

2）在供过于求的买方市场里，客户为什么向我们购买，而不是向他人购买？因为我们的让渡价值大。

顾客让渡价值是世界营销之父——菲利普·科特勒（Philip Kotler）提出的概念：

顾客让渡价值＝顾客总价值－顾客总成本

顾客总价值是由产品价值、服务价值、品牌价值、人际价值所构成。顾客总成本是由产品成本、时间成本、精力成本、体力成本所构成。

你看这里提到了"人际价值"，也就是说人际关系是有价值的，融洽的相处和愉快的合作本身就是一种价值。仅仅依靠产品打败竞争对手是很难实现的，而服务的价值最容易被模仿和追随。我们与竞争对手的竞争大部分发生在同品牌档次的对手之间。所以你要意识到，最终决定胜负的就是人际价值。

3）什么因素会导致客户持续地向我们购买？因为客户对我们已经产生依赖。产品和服务都能满足客户的需要，人与人之间的相处又非常愉快和融洽，就会累积出一道供应商转换门槛，拦住客户离开我们的脚步。随着时间的推移和感情的累积，当这个门槛抬升到足够的高度时，就叫作客户已经对我们产生了依赖。而招标过程中招标人对于投标人的依赖是天生的，只要招标人希望采购效果好，就会寻求潜在投标人的帮助，以此来弥补自身专业性不足和对市场了解不够的缺陷。这就是投标人的机会。

4）控制大局。前面说过，投标人的任务是利用我们的专业性满足招标人的需求，帮助招标人解决实际困难和问题。而招标采购本身就是很专业的问题，在招标人不懂的地方，比如技术标的编制环节施以援手，提供我们的参考意见，是投标人的应有之义。在建立客户对我们的依赖之后，我们就有机会引导招标人，控制整个招标大局走向对我们有利的方向。

2.2　研究竞争对手

每一次投标所遇到的主要竞争对手都会不同，我们需要做针对性的1对1的竞争分析。

2.2.1　研究竞争对手主要是找到以下问题的答案

1. 你的竞争对手与客户的业务往来情况

（1）哪些竞争对手与你的客户有联系？他们提出的产品或服务是什么？他们与该客户以往的业务情况怎么样？

（2）你的竞争对手目前认识客户企业中的哪些人？他们的主要联系人是谁？哪些客户代表更加偏爱他们的产品，为什么？他们与客户企业中的高层或最有影响力的人物的关系如何？

（3）他们在客户心目中的地位有多牢固？是否有一个固定的基地？客户调换供应商的代价有多大？

2. 你的竞争对手的能力和资源情况

（1）他们是否有能力提供更广范围的产品和服务？他们能否提供一个超越

目前所提供方案的全面的解决方案？

（2）他们有什么资源可以被用于客户？他们在哪些方面受到资源的束缚？

3. 你的竞争对手的优势和弱点

（1）他们的经营状况是否很好（或很糟糕）？

（2）他们在哪些方面做得特别好？他们在哪些方面与其他竞争对手和我们存在不同？在哪些方面客户认为他们与众不同？

（3）在他们与客户的业务中存在着什么问题？他们在哪些方面遭遇过失败？有什么产品没能按时交货？有什么承诺未能兑现？有什么方案遭到搁浅？客户与他们存在着什么矛盾？

4. 你的客户对你的竞争对手的基本看法

有时尽管某一竞争对手的服务很差，但是客户仍可能会对其表现出一种依赖。或者尽管竞争对手提供的服务可能很好，但是客户就是不喜欢他。你必须了解客户对你的竞争对手的基本看法是什么，而这些看法又意味着什么？

2.2.2 研究竞争对手的渠道和方法

1. 收集竞争对手情报的渠道

（1）公开发行的出版物。我们可以通过竞争对手的官方网站、上市公司披露的财务报表来收集我们竞争对手的情报。

（2）专门的市场调研机构。如果是长期的战略竞争对手，比如中国移动、中国联通和中国电信这样的竞争关系，值得花费一笔专款请专门的市场调研机构帮助我们收集竞争对手的情报。

（3）本企业与竞争对手打过交道的人。从竞争对手跳槽到我们单位的人员是很好地收集竞争对手情报的来源。又比如我们单位某员工的家属在竞争对手单位上班，他们也可以成为一个了解对手情报的来源。上述前提是必须合法合规。

（4）客户。与我们关系不错的客户，是最高效地收集竞争对手情报的渠道。从一个关系好的客户那里可以同时打听到很多关于竞争对手的消息。

2. 我们与竞争对手之间的优劣势对比及差异性分析

我们研究竞争对手的目的，是更深刻地了解如何抑制他们优势的发挥，并充分利用他们的弱点去打败他们。有时候不需要有优势，只需要有差异，就有机会借此打败竞争对手。

《孙子兵法·谋攻篇》："知己知彼，百战不殆；不知彼而知己，一胜一负；不知彼，不知己，每战必殆。"如果我们不能预判本次投标将遇到哪些主要竞争对手，那么我们就只能拿市场上的整个竞争对手群来做研究、做比较，进行SWOT分析。如此，尚有一胜一负之一半的胜机。

（1）优势（Strengths）：和整个竞争对手群比较，我们在市场上具有哪些优势和客户需要的特点。差异性有时候也是胜负的关键。

（2）弱势（Weaknesses）：和整个竞争对手群比较，我们存在哪些缺陷或不足。包括曾经的失败案例，都是我们需要规避的风险。有时候别人没意识到的缺点，只要自己不暴露，就不会成为别人攻击的目标。

（3）机会（Opportunities）：行业的成长，监管机制的改变，都可能成为我们的机会。包括在哪些方面再努力、尝试一下，就能增加我们中标的机会。

（4）威胁（Threats）：招标方案是否让我们失去优势，新进入的强大竞争对手，有投标人在更高层次上做客户关系等。

2.3 标前控制要点

利用已形成的招标人对投标人的依赖，投标人就可以间接地控制整个局面，借助招标人做倾向性安排的机会，实现我们的构想，提高中标概率。

不过在做这些倾向性安排之前，建议大家先熟悉下列相关法律规定。前面说过，投标人不能为了中标做任何违法违规的事情。

《招标投标法实施条例》第三十二条 招标人不得以不合理的条件限制、排斥潜在投标人或者投标人。招标人有下列行为之一的，属于以不合理条件限制、排斥潜在投标人或者投标人：

（一）就同一招标项目向潜在投标人或者投标人提供有差别的项目信息；

（二）设定的资格、技术、商务条件与招标项目的具体特点和实际需要不相适应或者与合同履行无关；

（三）依法必须进行招标的项目以特定行政区域或者特定行业的业绩、奖项作为加分条件或者中标条件；

（四）对潜在投标人或者投标人采取不同的资格审查或者评标标准；

（五）限定或者指定特定的专利、商标、品牌、原产地或者供应商；

（六）依法必须进行招标的项目非法限定潜在投标人或者投标人的所有制形

式或者组织形式；

（七）以其他不合理条件限制、排斥潜在投标人或者投标人。

《政府采购法实施条例》第二十条　采购人或者采购代理机构有下列情形之一的，属于以不合理的条件对供应商实行差别待遇或者歧视待遇：

（一）就同一采购项目向供应商提供有差别的项目信息；

（二）设定的资格、技术、商务条件与采购项目的具体特点和实际需要不相适应或者与合同履行无关；

（三）采购需求中的技术、服务等要求指向特定供应商、特定产品；

（四）以特定行政区域或者特定行业的业绩、奖项作为加分条件或者中标、成交条件；

（五）对供应商采取不同的资格审查或者评审标准；

（六）限定或者指定特定的专利、商标、品牌或者供应商；

（七）非法限定供应商的所有制形式、组织形式或者所在地；

（八）以其他不合理条件限制或者排斥潜在供应商。

两个条例对于招标人在做倾向性安排时不得以不合理的条件限制、排斥投标人或者对投标人实行差别待遇、歧视待遇，都有着很明确的禁止性规定，而且两个条例的相关规定高度一致。各地方政府的相关法律规定不会突破这两个条例的规定，最多在此基础上补充几条法律规定。

《工程项目招投标领域营商环境专项整治工作方案》（二）整治内容

根据《招标投标法》《招标投标法实施条例》等有关规定，清理、排查、纠正在招投标法规政策文件、招标公告、投标邀请书、资格预审公告、资格预审文件、招标文件以及招投标实践操作中，对不同所有制企业设置的各类不合理限制和壁垒。重点针对以下问题：

1.违法设置的限制、排斥不同所有制企业参与招投标的规定，以及虽然没有直接限制、排斥，但实质上起到变相限制、排斥效果的规定。

2.违法限定潜在投标人或者投标人的所有制形式或者组织形式，对不同所有制投标人采取不同的资格审查标准。

3.设定企业股东背景、年平均承接项目数量或者金额、从业人员、纳税额、营业场所面积等规模条件；设置超过项目实际需要的企业注册资本、资产总额、净资产规模、营业收入、利润、授信额度等财务指标。

4.设定明显超出招标项目具体特点和实际需要的过高的资质资格、技术、商务条件或者业绩、奖项要求。

5.将国家已经明令取消的资质资格作为投标条件、加分条件、中标条件；在国家已经明令取消资质资格的领域，将其他资质资格作为投标条件、加分条件、中标条件。

6.将特定行政区域、特定行业的业绩、奖项作为投标条件、加分条件、中标条件；将政府部门、行业协会商会或者其他机构对投标人做出的荣誉奖励和慈善公益证明等作为投标条件、中标条件。

7.限定或者指定特定的专利、商标、品牌、原产地、供应商或者检验检测认证机构（法律法规有明确要求的除外）。

8.要求投标人在本地注册设立子公司、分公司、分支机构，在本地拥有一定办公面积，在本地缴纳社会保险等。

9.没有法律法规依据设定投标报名、招标文件审查等事前审批或者审核环节。

10.对仅需提供有关资质证明文件、证照、证件复印件的，要求必须提供原件；对按规定可以采用"多证合一"电子证照的，要求必须提供纸质证照。

11.在开标环节要求投标人的法定代表人必须到场，不接受经授权委托的投标人代表到场。

12.评标专家对不同所有制投标人打分畸高或畸低，且无法说明正当理由。

13.明示或暗示评标专家对不同所有制投标人采取不同的评标标准、实施不客观公正评价。

14.采用抽签、摇号等方式直接确定中标候选人。

15.限定投标保证金、履约保证金只能以现金形式提交，或者不按规定或者合同约定返还保证金。

16.简单以注册人员、业绩数量等规模条件或者特定行政区域的业绩奖项评价企业的信用等级，或者设置对不同所有制企业构成歧视的信用评价指标。

17.不落实《必须招标的工程项目规定》《必须招标的基础设施和公用事业项目范围规定》，违法干涉社会投资的房屋建筑等工程建设单位发包自主权。

18.其他对不同所有制企业设置的不合理限制和壁垒。请各地区、各部门突出工作重点，围绕上述问题组织开展专项整治。对不属于本次专项整治重点的其他招投标违法违规行为，依法依规开展日常监管执法。

《关于促进政府采购公平竞争优化营商环境的通知》

一、全面清理政府采购领域妨碍公平竞争的规定和做法

各地区、各部门应当严格落实《中华人民共和国政府采购法》等相关法律法规的要求，依法保障各类市场主体平等参与政府采购活动的权利。要全面清理政府采购领域妨碍公平竞争的规定和做法，重点清理和纠正以下问题：

（一）以供应商的所有制形式、组织形式或者股权结构，对供应商实施差别待遇或者歧视待遇，对民营企业设置不平等条款，对内资企业和外资企业在中国境内生产的产品、提供的服务区别对待；

（二）除小额零星采购适用的协议供货、定点采购以及财政部另有规定的情形外，通过入围方式设置备选库、名录库、资格库作为参与政府采购活动的资格条件，妨碍供应商进入政府采购市场；

（三）要求供应商在政府采购活动前进行不必要的登记、注册，或者要求设立分支机构，设置或者变相设置进入政府采购市场的障碍；

（四）设置或者变相设置供应商规模、成立年限等门槛，限制供应商参与政府采购活动；

（五）要求供应商购买指定软件，作为参加电子化政府采购活动的条件；

（六）不依法及时、有效、完整发布或者提供采购项目信息，妨碍供应商参与政府采购活动；

（七）强制要求采购人采用抓阄、摇号等随机方式或者比选方式选择采购代理机构，干预采购人自主选择采购代理机构；

（八）设置没有法律法规依据的审批、备案、监管、处罚、收费等事项；

（九）除《政府采购货物和服务招标投标管理办法》第六十八条规定的情形外，要求采购人采用随机方式确定中标、成交供应商；

（十）违反法律法规相关规定的其他妨碍公平竞争的情形。

各地区、各部门要抓紧清理政府采购领域妨碍公平竞争的规定和做法，有关清理结果要及时向社会公开，并于2019年10月31日前报送财政部。

虽然《工程项目招投标领域营商环境专项整治工作方案》规范的是依法必须招标的工程建设项目，《关于促进政府采购公平竞争优化营商环境的通知》规范的是政府采购行为，但这两份全国性的政策性文件代表着国家在招标投标领域的政策方向，总共28条，不管是否是政府采购项目，不管是依法必须招标的项目还是自愿招标的项目，都必须遵守。《招标投标法实施条例》第三十二条和

《政府采购法实施条例》第二十条的最后一项都是兜底的条款"其他",这个"其他"条款就包括这28条。

2.3.1 招标程序

1. 选择公告发布媒体

招标公告发布媒体有如下法律规定:

《招标公告和公示信息发布管理办法》第八条 依法必须招标项目的招标公告和公示信息应当在"中国招标投标公共服务平台"或者项目所在地省级电子招标投标公共服务平台(以下统一简称"发布媒介")发布。

第九条 省级电子招标投标公共服务平台应当与"中国招标投标公共服务平台"对接,按规定同步交互招标公告和公示信息。对依法必须招标项目的招标公告和公示信息,发布媒介应当与相应的公共资源交易平台实现信息共享。

"中国招标投标公共服务平台"应当汇总公开全国招标公告和公示信息,以及本办法第八条规定的发布媒介名称、网址、办公场所、联系方式等基本信息,及时维护更新,与全国公共资源交易平台共享,并归集至全国信用信息共享平台,按规定通过"信用中国"网站向社会公开。

《政府采购信息发布管理办法》第八条 中央预算单位政府采购信息应当在中国政府采购网发布,地方预算单位政府采购信息应当在所在行政区域的中国政府采购网省级分网发布。除中国政府采购网及其省级分网以外,政府采购信息可以在省级以上财政部门指定的其他媒体同步发布。

除了前述法律规定的招标公告发布媒体,招标人还可以在一些行业门户网站或自家单位的网站上发布招标公告。如果不属于政府采购项目或依法必须招标的企业采购项目,招标人可以更灵活地选择招标公告发布媒体。选择把招标信息发布在某些媒体、某些版面,甚至采用多大字号,都能够做到对投标人的初步筛选,也就是分离均衡。例如我们经常在商业促销活动中故意把优惠券或者抢红包的规则设置得非常复杂,就会有的人选择参与,有的人就会嫌麻烦而直接放弃,这样可以很方便地筛选出那些对于价格比较敏感的人和对价格不敏感的人。这就是博弈论中的分离均衡理论。

2. 编制投标文件时间

研读招标文件、踏勘现场、澄清招标文件、讨论投标方案、编制投标文件，以及准备其他商务文件，都是很花费时间的。特别是工程总承包项目，肯定要踏勘现场，还可能多次澄清，留给投标人编制投标文件的时间就需要更多。如果一概对于依法必须招标的项目和政府采购的招标项目依据法律规定只留给投标人20日的准备投标文件的时间，可能投标人无法编制较为完善的投标文件。如果招标文件的澄清、补遗文件发布比较晚，也会给投标人带来时间上的压力。不属于依法必须招标的项目和政府采购的招标项目，招标人更是可以把留给投标人准备投标文件的时间减少到10日，甚至5日。这样一般的投标人都是无法在这么短的时间内准备完善的投标文件的。但前期与招标人有过标前接触的投标人，他们对项目情况更熟悉，有可能在这么短的时间完成一份比较完善的投标文件。如果是工程总承包项目，因为前期可能只有初步设计，如果不是政府投资项目，可能连初步设计都没有就开始工程总承包项目的招标了。前期与招标人有过接触的投标人，因为已经掌握了项目的一些基础信息，他们可能提前开始画图了。

3. 安排资格预审

在可安排可不安排资格预审的项目里，我们选择安排资格预审，这相当于增加一个招标人的控制环节。资格预审的方法有两种——合格制和有限数量制，我们选择有限数量制。设计一套评分标准对提交资格预审申请文件的潜在投标人的资格申请情况进行打分，并对打分情况进行汇总，然后按照事先公开约定的资格预审合格人数挑选总分排序靠前的若干潜在投标人，向他们发出资格预审通过通知书（也是一种投标邀请书）。这样操作的好处是，资格预审的评分标准和评分方法的设定是没有明确的、直接的法律规定的，招标人可以更加灵活地筛选出自己心仪的潜在投标人。

4. 性能反复测试

安排几次性能测试，能很好地甄别产品性能不合格的投标人，而且还可以淘汰掉诚意不足、决心不大的潜在投标人。而通过前期接触，感觉自身实力与项目需求匹配，本次投标有中标希望的投标人，就会选择坚定的留下来。

5. 要求试用产品

利用分离均衡理论，通过要求潜在投标人提供价值较大的产品免费试用，或者提供相当数量的样品，来筛选出对项目最有信心的投标人。

2.3.2 资格资质要求

1. 行业荣誉奖励

2012年的《招标投标法实施条例》规定不得"以特定行政区域或者特定行业的业绩、奖项作为加分条件或者中标、成交条件",2019年的《工程项目招投标领域营商环境专项整治工作方案》明确不得"将特定行政区域、特定行业的业绩、奖项作为投标条件、加分条件、中标条件;将政府部门、行业协会商会或者其他机构对投标人做出的荣誉奖励和慈善公益证明等作为投标条件、中标条件"。通过这两个法律规定可以看出,特定行业的业绩、奖项是不可以作为投标人的资格要求和评审因素的,但是政府部门、行业协会商会的荣誉奖励和慈善证明是可以作为评审因素、加分条件的。例如"鲁班奖"就被各地广泛地用来作为招标项目的加分项。

人力资源和社会保障部国家表彰奖励办公室在2015年颁发了《全国评比达标表彰保留项目目录》(见本书附录),其中国家级、政府部门和行业协会的荣誉奖励都可以拿来作为加分条件。但在使用地方政府设置的相关荣誉奖项作为加分条件时,应有当地政府明确的法律依据,而且招标文件里的描述应该是"省级荣誉奖项"而不是"特定省的荣誉奖项"。例如使用"楚天杯"作为加分条件的依据是《湖北省建设工程质量创优奖励实施办法》"第四条 实施'优质优先'奖励。对获得省级及以上质量优质工程奖的承建单位及项目经理、监理单位参加投标,在资格预审中采用有限数量制、评标采用综合评估法时,给予加分;具体加分办法在资格预审文件、招标文件中明确。中标候选单位获奖情况在评标结果公示时一并公示,接受监督。"

31个省、自治区、直辖市的建设工程领域最高荣誉奖项如下:

(1)长城杯——北京市;(2)白玉兰杯——上海市;(3)海河杯——天津市;(4)巴渝杯——重庆市;(5)金匠奖——广东省;(6)扬子杯——江苏省;(7)泰山杯——山东省;(8)中州杯——河南省;(9)天府杯——四川省;(10)钱江杯——浙江省;(11)安济杯——河北省;(12)黄山杯——安徽省;(13)闽江杯——福建省;(14)飞天奖——甘肃省;(15)杜鹃花杯——江西省;(16)楚天杯——湖北省;(17)芙蓉奖——湖南省;(18)黄果树杯——贵州省;(19)长安杯——陕西省;(20)长白山杯——吉林省;(21)世纪杯——辽宁省;

（22）汾水杯——山西省；（23）龙江杯——黑龙江省；（24）绿岛杯——海南省；（25）云南省优质工程奖——云南省；（26）江河源杯——青海省；（27）雪莲杯——西藏自治区；（28）草原杯——内蒙古自治区；（29）天山奖——新疆维吾尔自治区；（30）西夏杯——宁夏回族自治区；（31）真武阁杯——广西壮族自治区。

2. 制造商授权书

虽然政府采购项目现在不允许要求投标人提供制造商授权书，但在大多数的企业采购项目里，我们还是可以要求投标人附加一份制造商的授权书，以确保供应。

3. 资格资质证书

招标人要求投标人同时具备两种及以上的资质或资格证书，只要具备合理性，而这些资格、资质证书不是某一家投标人所独有的，都可以提出这样的要求。这样可以准确限制不具备足够资质的投标人来投标，比如我们在进行工程总承包项目招标时，可以要求投标人同时具备施工资质和设计资质这两种资质。

4. 功能、性能测试报告

要求提交某些项目所需要的功能和性能的测试报告，但不要限定这些测试报告的出具机构。

5. 业绩案例

不仅要求投标人的单位业绩，还可以要求项目主要管理人员和技术人员的业绩。我们不能拿特定行政区域或特定行业的业绩作为评审因素或投标人资格条件，但可以拿类似项目的业绩作为评审因素，也可以拿类似项目业绩作为投标人的资格条件。如果拿类似项目业绩作为投标人的资格条件，那么类似项目业绩的要求不要超过两项类似项目业绩，这在政府采购领域是有法律规定的，企业采购项目也建议遵循。如果拿类似项目业绩作为评审因素予以加分，那么类似项目业绩的分值不要太大，这在很多地方也是有地方政府规定的。

6. 信用评价

招标人通常会要求投标人在投标文件里附上信用中国、中国政府采购网、中国裁判文书网、国家企业信用信息公示系统等的查询结果、截屏，各地方政府和行业主管部门也陆续出台了一些信用信息的公示、查询平台，可以利用这些公示信息筛选投标人。但是与企业规模条件相关的，或与特定行政区域的业绩奖项相关的企业信用等级，或者对不同所有制企业构成歧视的信用评价指标，都不能作为投标人资格条件或评审因素，因为优待中小企业，鼓励民营经济都是基本国策。例如，AAA级信用证书、守合同重信用证书这些都和企业规模、人员数量、成立年限、业务收入、企业性质有关，所以不能拿来作为投标人的资格条件或评审因素。如果招标人在招标文件里面对这一部分内容语焉不详，需要在正式投标之前要求招标人澄清。

2.3.3 商务条款

1. 工期、交货期、服务响应时间紧张

很多项目都存在工期、交货期紧张，服务及时响应要求高的问题，可能有一部分投标人满足不了这些期限上的要求。标前就与招标人有所接触的潜在投标人，可以提前着手准备，相对来说在投标时更有优势。

2. 拦标价低

有时候招标人预算不足，或限价过低，就会阻拦很多潜在投标人的投标意愿。如果我们能够与招标人达成共识，帮助招标人化解其中的矛盾，就会极大地提高胜出机会。"拦标价""最高投标限价"和"招标控制价"这三个概念在实践中都是一个意思。

3. 高额保证金

招标人在遇到投标人报价过低的时候，往往会寻求投标人的承诺与保证，即诚信履约、保证质量，其中最有力的保证方法就是要求投标人提交一份低价风险担保金。如果低价风险担保金较高，就会有部分投标人放弃参与这个项目。例如2022年元旦期间中国建筑第三工程局有限公司（以下简称中建三局）中标的重庆市白市驿隧道项目中，中建三局在中标价10亿元的基础上，按招标文件约定需要另外向招标人缴纳15亿元低价风险担保金。

4. 付款方式

如果业主的付款方式或者付款时间对投标人不利，甚至需要投标人垫付部分资金，那么也会有相当一部分投标人放弃这样的项目投标。当然，政府投资的工程项目是不允许让投标人垫付资金的。

2.3.4 技术参数

招标人在招标文件里面设定的技术要求与招标项目的具体特点和实际需要到底适不适应，与合同履行到底有关无关，很多时候是含糊不清的。如果从专业的高度或者专业的角度提出一些合理的技术要求，既能够很好地贯彻招标人的倾向性，又没有任何法律风险。例如，工程项目招标人可以从工程的各项技术指标、质量等级、施工部署、施工方法、进度计划、质量管理体系、安全管理体系、环境管理体系、施工机械设备配置、劳动力配置、新技术的使用情况、材料设备渠道供应与管理、服务承诺等方面提出各种各样的技术要求，由投标人响应。

2.3.5 评标方法

不管是在试行"评定分离"的省市，还是本来就不需要确定第一名中标的项目（自愿招标项目或国有资金没有控股的项目），最终定标都是由招标人在前三名中按照自己的方法确定的。而且一般的评标委员会中，招标人代表比其他评标专家的作用要大。如果评标委员会中的招标人代表反映出招标人的倾向，其他评标专家多半愿意往这个方向多倾斜一下。

所以在评标方法的选择上，在法律允许的情况下，优先选择定性评审的方法。例如，深圳经济特区政府规定的建设工程项目采用的票决法和集体议事法都是定性的评审方法。

招标人也可以在评标环节增加澄清述标、项目经理投标答辩等环节，进一步考察投标方的实力，增加招标人控制中标结果的机会。

在评标方法设计这一部分，招标人选择更能贯彻自身采购意图的评标方法也很重要。有的项目需要强化价格因素，有的项目又需要淡化价格因素。例如，重庆市白市驿隧道项目的评标方法设计为：最高价得80分，最低价得75分，这样实际上是把整个项目的所有投标人的得分分差淡化成5分。有的评分项我们希望拉开投标人之间的得分分差，有的评分项我们又希望缩小投标人之间的得分分差。例如，使用排除法设计可以拉大分数差距：投标产品具有自主知识产权并获得过国家部委级奖励的得5分，没有的得0分。有些评审因素设计成不允许有偏差的实质性要求，有些评审因素允许偏离，还可以设定允许的偏离项数、偏离范围。总之，灵活的评标方法设计有助于招标人实现采购意图。

具体的有关评标方法设计的内容可见本书的姊妹书《夺标·合规高效的招标管理》第4章。

2.3.6 同行关系

同行之间最好能形成竞合的关系，在需要竞争的时候竞争，在需要合作的时候合作。有时候同行之间出于保持对市场的敏感、掌握竞争对手动向的考虑，或者由于招标人邀请不方便不去投标的情况下，我们都可能参与了一个没有什么把握的，甚至根本就没有中标希望的招标项目。这种基于默契或基于商业考虑的参与式投标行为，并不违法。只有那些串谋的行为和事实的围标行为或内外勾结行为才违法。所以掌握做事的分寸，不踩法律红线，是投标人需要一直修炼的投标"功夫"。

 本章案例分析

一个中央企业的招标项目，在评标方法的商务评审因素里出现了"投标人具有中国建筑工程装饰奖或全国博物馆十大陈列展览精品奖可以加分"的描述，这样是否符合《招标投标法》及其相关法律规定？如果是"鲁班奖"作为加分项，是否符合法律规定？

 分析

1.《招标投标法实施条例》第三十二条　招标人有下列行为之一的，属于以不合理条件限制、排斥潜在投标人或者投标人：（三）依法必须进行招标的项目以特定行政区域或者特定行业的业绩、奖项作为加分条件或者中标条件。

《工程项目招投标领域营商环境专项整治工作方案》6.将特定行政区域、特定行业的业绩、奖项作为投标条件、加分条件、中标条件；将政府部门、行业协会商会或者其他机构对投标人做出的荣誉奖励和慈善公益证明等作为投标条件、中标条件。

这两个法律规定对照来看，就是可以拿政府部门、行业协会的荣誉奖励作为加分项。"中国建筑工程装饰奖""鲁班奖"都属于《中央国家机关等评比达标表彰保留项目名录》（详见本书附录）里的项目，可以用来作为加分条件。

2.《中央国家机关等评比达标表彰保留项目名录》里并没有"全国博物馆十大陈列展览精品奖"，但是这是国家文物局指导，中国博物馆协会颁发的奖项，截至2021年已经评选到第十九届，在市场上拥有广泛的影响力。这个奖项算不算特定行业的奖项呢？其实所有的行业奖项多少都会带有行业特征，但行业之间的界限已经没有那么清晰了，中国博物馆协会这个奖项对于商业布展等商业活动也许是有价值的。只要这个奖项与中央企业这个项目是正相关的、对项目有推动作用，它就不属于以特定行业的荣誉奖励作为加分条件，而是以政府部门和行业协会的荣誉奖项作为加分条件，它是可以用来作为加分条件的。

第3章 竞争报价

3.1 投标流程

3.1.1 购买或下载投标文件

现场购买纸质版招标文件时,先问清楚购买标书是否需要查看某些证件,查看原件还是复印件?或者查看原件留置复印件,复印件上是否要加盖单位公章?不值得为了购买一份招标文件浪费时间。

项目比较小的、内容少的招标文件一般售价为200~300元,项目比较复杂、内容比较多的招标文件一般售价为500~800元。只有图纸押金可以收费上千元,招标文件售价超过千元的都不合理。招标文件售价不合理的,投标人可以向招标方(招标人或招标代理机构)提出异议或质疑。招标方对异议和质疑的答复不能令投标人满意的,投标人可以进一步投诉给政府监管部门。

现场购买纸质版招标文件时,如果有可能,打听一下还有哪些竞争对手也购买了招标文件并参与本次投标。如果能够打听到这一次的主要竞争对手,那么我们在制订竞争策略的时候就会有更强的针对性。

《国家发展改革委等部门关于严格执行招标投标法规制度进一步规范招标投标主体行为的若干意见》（发改法规规〔2022〕1117号）明确提出，"除交易平台暂不具备条件等特殊情形外，依法必须招标项目应当实行全流程电子化交易"。所以以后的投标更多的是投电子标。投电子标的时候，因为项目地区的不同，每个电子招标平台的要求不同，电子标书的制作方法也不一样，所以投电子标在细节上很容易出错，废标率也会比较高。电子标更需要注意细节。

下载电子版招标文件时，先办理该电子招标平台的注册登记，并办理相关CA证书。在做CA证书加密的时候，一定要记好输入的CA密码，因为这个密码不仅是加密的时候要用，解密的时候也是同样要用到的。电子标如果因为投标人的原因解密不成功，招标人是可以没收投标人的投标保证金的。

问：电子招标平台是什么？

电子招标平台提供电子标书下载上传、数字证书加密解密、计算机辅助开标评标、网络安全等功能，并支持电子签到、短信通知、废标处理和中标锁定，以及电子评标报告和招标投标数字档案等。

电子招标投标市场发展的最终目标，是在全国范围内建立包括公共交易平台、公共服务平台和行政监督平台这三大平台的公共资源交易平台体系，最终实现所有公共资源交易都在公共资源交易平台这个体系之内完成。其中，分类清晰、功能互补、互联互通的电子招标平台是公共资源交易平台的主要组成部分。

3.1.2 阅读理解招标文件

投标人拿到招标文件之后，应该分发给相关人员并要求其在限定时间内阅读招标文件。

招标文件里面的每一个字、每一个词、每一句话都要弄明白它的意思。有时候一字之差，意思相差很远。比如招标文件要求"逐条响应""逐款响应""逐项响应"，这三种说法一字之差，意思就相差很远："逐条响应"是招标文件每一条都要做一应答；"逐款响应"是招标文件每一条里的每一段的内容都要做一应答；"逐项响应"是招标文件每一条里的每一段的每一项（如果有）都要做一应答。答多或答少都不行，答多扣分，答少废标。具体如何阅读理解招标文件的详细内容见本书4.1节。

如果无法明确其含义,应该请教相关人员,比如单位里其他资深的投标人员,或认识的招标代理机构的专业人员。如果还是不清楚,就应该提交到标书分析会上交由大家讨论。

3.1.3 标书分析会

1. 研判招标人采购意图,准备投标竞争策略

在相关人员通读一遍招标文件的基础上,组织大家召开标书分析会。标书分析会最终成果是明确竞争策略和投标方案,组建项目团队及人员分工,制订投标工作计划,布置投标工作安排。

标书分析会由分管领导召集,与会人员应该由四个方面的人员组成:业务人员、技术人员、财务人员和法务人员。业务人员负责传递和解释招标人的采购需求,技术人员负责提出初步解决方案,财务人员负责经济分析和现金流量分析,法务人员负责合同条款及其他法律问题的把关。

标书分析会上大家集思广益、群策群力地分析、判断招标人在本项目的采购意图,并商量我们应该采取的竞争策略。具体内容在3.2节"竞争策略"详述。

2. 组建投标团队,落实工作安排

参与标书分析会的是投标单位一个大的投标专业团队,如前所述,由与投标工作相关的各方面专业人士组成。最终进入本投标项目的项目小组成员只是其中少数人,小的项目2~3人即可,大的项目可能有7~8人。项目小组内的工作岗位有项目负责人、授权代表、客户经理、技术支撑人员、技术标编制人员、商务标编制人员、资格资质和其他商务文件准备人员、报价分析人员、讲标答疑人等。大的项目小组成员各司其职,小的项目小组成员身兼数职。

标书分析会上应把各项投标工作分解,落实到人,明确完成期限,形成本项目的投标工作计划。

具体会议成果可记入表3-1。

标书分析会记录表 表3-1

项目基本信息	招标项目名称	
	招标人	
	招标代理机构	
	开标时间	
参会人员	召集人	
	与会人员岗位及后期分工	
标书分析	招标人采购意图与我们拟采取的竞争策略	
	投标人资格资质条件注意点	
	招标规则和废标条款注意点	
	技术标准与要求中的重点与难点	
	价格计算与报价方法注意事项	
	合同付款条件等合同条款注意点	
	其他需要提醒同事注意的地方	
沟通事项	需要进一步向招标方澄清的问题	
	需要通过内部关系人明确的问题	
竞争对手分析	预测参与本项目可能的主要竞争对手	
	竞争对手与客户之间的关系分析	
	竞争对手可能采取的竞争策略	
会议成果工作安排	倒推时间（按截标时间倒推）	工作任务	责任人
	比如：××日前	××工作	由××人负责完成
	...		

比如某计算机政府采购项目的投标团队的标书分析会的主要内容见表3-2。

某计算机投标项目标书分析会记录表　　　　　表3-2

标书主要内容分析	投标人资格条件注意点	1. 提供2016年度财务状况报告或基本开户行出具的资信证明 2. 提供投标截至目前6个月内任意1个月依法缴纳税金和社会保障资金的相关材料 3. 具备履行合同所必需的设备和专业技术能力
	招标规则和废标条款注意点	1.《用户需求书》中"★"号的条款（基本要求、通用配置、交货期、追加采购要求、履约服务要求、质量保修期服务要求、自查表等）必须实质性响应，负偏离（不满足要求）将导致投标无效 2. 技术分70分，价格分30分
	技术要求中的重点与难点	1. 投标供应商提供的产品，包括台式计算机、便携式计算机必须为列入最新一期节能产品政府采购清单内的型号 2. 属于广东省正版软件统一采购品牌，要提供相关证明材料 3. 适配国产软硬件产品 4. 防病毒攻击 5. 灾难恢复 6. 不接受进口产品 7. 符合招标文件中第25～29页的附表二、附表三中的要求及评分标准
	价格计算方法与报价注意事项	1. 报价加上平台服务费 2. 采用招标文件第62页格式②的报价方式 3. 招标文件中第19～20页的评标方法及步骤 4. 中标供应商应按不少于成交包组采购量110%的规模配置项目实施所需的资源，以应对可能发生的追加采购
	合同付款方式等合同条款注意点	1. 双方在签署《批量集中采购项目验收单》后10个工作日内，由甲方向乙方支付合同总金额的100%（百分之百） 2. 符合验收标准以及质量保证
	其他需要提醒同事的注意事项	1. 包组分类中"-1"的部分指"操作系统仅提供DOS，不含办公软件""-2"的部分指"带全套操作系统及办公软件" 2. 本次招标不收取投标保证金

又比如，某通信投标项目的标书分析会的记录表见表3-3。

某通信项目标书分析会记录表 表3-3

标书主要内容分析	招标意图与我们拟采取的竞争策略	价格30元，着眼长远还是以退为进+以快取胜
	投标人资格资质条件注意点	投标人须具有《基础电信业务经营许可证》或《增值电信业务经营许可证》；同一合同项（分包）下的货物，制造商参与投标的，不得再委托代理商参与投标
	招标规则和废标条款注意点	财务报表不是审计报告；查询结果网页打印件并加盖投标人公章；投标人的交货期（或为实施时间）、质量保证期及投标有效期不满足招标文件要求的
	技术标准与要求中的重点与难点	逐条逐项答复、说明和解释；对于招标文件中的任意项投标方回答"满足"，实际却不能满足，招标方有权拒绝向投标方付款，并且有权向投标方提出索赔，追究相关法律责任
	价格计算与报价方法注意事项	投标人需对上述链路租金条款进行单项报价，新增线路按照单项报价执行。投标方需按年服务费报价
	合同付款条件等合同条款注意点	30个日历日；全部质量保修三年；租赁费用按年后付
	其他需要提醒同事注意的地方	缴纳了招标文件购买费；到款账户为上述指定的投标保证金专用账户
沟通事项	需要进一步向招标方澄清的问题	是否接受分公司投标；技术偏离表可附相关技术支撑材料
	需要通过内部关系人明确的问题	若同一合同项（分包）下为单一品目的货物采购招标中，同一品牌同一型号产品有多家供应商参加投标，只能按照一家供应商计算。评标中在其他条件（资格性检查、符合性检查）合格的前提下，选取报价最低的供应商进入评标，舍掉其他供应商，会如何操作

3.1.4 准备各种商务资料和投标保证金

标书分析会结束后有些工作可以马上开展，比如某些资质、资格证书的办理，投标保证金保函的办理等。

3.1.5 提出投标方案，讨论修改定稿，做成本核算

项目技术支撑人员根据标书分析会上确定的投标竞争策略准备技术方案。如果招标人意图采购高品质的产品或服务，技术支撑人员应该选择高配置的各要素组合形成本项目技术方案；如果招标人需要采购的是简单廉价的产品或服

务，技术支撑人员应该选择尽量低的配置以迎合采购方的需求。

技术支撑人员形成技术方案的初稿后交由项目管理人员和商务人员评估、协调商务配置，并结合客户需求，提出对技术方案初稿的修改意见，由技术支撑人员修改技术方案。如果有需要，可以重复此步骤，直至形成最终的商务和技术均衡性最好的投标方案。

投标方案确定后，即可由财务人员做成本核算，以作未来报价的基础。没有特殊原因，不应该低于成本去报价竞争。

3.1.6 报价分析

报价策略分析与报价水平确定见本章3.3节"报价方法"。

3.1.7 投标文件编写与审查

投标文件编写技巧见本书第4章"标书编制"。

3.1.8 提前打印、刻盘和网络注册、网络上传

电子标需要提前注册，但上传时间不宜过早，提前几小时上传即可，没有必要提前几天上传。一是因为我们可能在截标前了解到一些新情况，随时需要调整投标方案和投标报价；二是需要防止黑客入侵电子招标平台获取我们的投标方案和投标报价，特别是一些大型投标项目。因为项目比较大，利益比较高，不排除有人铤而走险。

黑客入侵系统的方法既有从软件的后门BUG（程序错误）进入的，也有从硬件着手在传输线路上挂机接入的，还有电子招标平台的工作人员监守自盗、侵犯投标人商业秘密的，这些现象在市场上已经出现过多次。

如果是线下投纸质标，那就需要提前打印、刻盘。如果临时到开标地点附近寻找打印店打印投标文件，就有可能遇到竞争对手也在那里打印。这一方面有泄密的危险，另一方面可能会因为你们和另一家投标人在打印特征上的异常而导致废标，并不是总有机会让你澄清的。

有时候，投标前夜由于一直在修改方案和报价，导致在深夜定稿，如果自家

的刻盘机故障，恐怕半夜三更也找不到打印店帮你刻盘，可能会耽误第二天的投标。如果是招标人要求提交U盘的，多用几台计算机试试是否能顺利打开。

3.1.9　确定参与开标人员，预订酒店，提前到达现场

重大项目确保步行可达。如果因为堵车，或有竞争对手恶意阻挠，而不能按时到达开标现场，这种失误是不可原谅的。重大项目可以考虑提前一天在开标地点附近住宿。

线下投纸质标的投标文件的提交方式，法定的只有两种，一是专人送达，二是包裹邮递。采用其他递交方式的投标将会被拒绝。

按照招标文件和招标人的要求，要求投标人派相关人员到场的，我们必须照办。如果有不同意见，在招标文件的标前答疑环节提出。实在有什么客观原因相关人员不能到达现场的，投标人应及时向招标人说明。除非招标文件有特别的说明，招标人可以选择接受你的投标，也可以选择不接受你的解释而拒绝你的投标。

3.2　竞争策略

3.2.1　投标决策

标书分析会上需要做出的第一个决定是，这个标我们投不投？

如果通过对招标文件的分析、讨论，发现本次招标的招标人有过于明显的倾向性，甚至有内定的投标人，我们有下列不同选择：

1. 不投

中标概率实在太小，单位资源有限，我们不在这样的项目上消耗精力和资源，选择放弃不投。

2. 投诉改变招标文件

如果招标文件里的倾向性有违法违规之处，我们可以提出异议或者质疑这份招标文件，直至投诉到政府监管部门，由其出面来纠正这种违法违规行为，把这个项目重新拉回到公平竞争的同一起跑线。

3. 低价抢标

如果该项目对于我们具有战略价值，比如进入一个新的行业、新的地区所亟须的好的样板案例，可以考虑以较低的价格去抢标。这种操作如果能辅以不平衡报价的商务运作，效果就更好了。

有时候只是为了分担固定成本，也有可能报出一个极低的价格，毕竟这种情况下不赚钱相当于赚了钱，固定成本有项目分担总比没有项目分担要好。

4. 报高价

有时候我们卖招标人、友商，甚至是我们竞争对手一个人情，会报高价参与该项目。这种情况下如果有机会捡漏也是蛮爽的一件事情。

5. 普通报价一般性参与

有时候我们试水一个新的市场，为了了解当地投标行情和规则，我们以普通报价、平和心态参与该项目。有时候仅仅是为了保持对市场的敏感与接触，掌握我们竞争对手的动向，也会选择这种一般性的参与该项目。

6. 纯属干扰搅局

商场诡谲多变，招标投标相关法规多如牛毛，任何一方的违法违规行为都有可能导致内定这一家被废标。有时候我们"非常手段"废掉内定这一家，不让内定中标人轻而易举地中标，以惩戒这种内定行为。

如果是公平竞争的项目，我们就需要进一步地思考，做综合的考量。

1. 投该项目是否符合企业的发展战略和市场规划。不要因小失大干扰企业的战略发展方向。

2. 技术能力分析。企业的技术人员、设备及相关资源是否足以支撑这个项目的运作？人员资质不足、数量不够，有没有可能聘请外援？专用的、特殊的设备不足或缺失，有没有可能租赁或者新购？

3. 周期分析。工期、交货期和服务期限方面，企业目前的资源是否能够做到？如果做不到，有没有可以补救的方案？

4. 人员素质分析。招标人要求50个持证电工，80个持登高证的工人，我们有没有？招标人对项目经理和技术负责人有资历和业绩的要求，我们能不能满足？

5. 承受能力和物资供应分析。我们的后勤供应情况如何？供应渠道的保障性如何？医院要求就近处理医疗废物，我们有没有解决办法？施工在山上，施工便道和材料的堆放有能力解决吗？

6. 环境分析。大的政治环境和经济环境如何？严格遵守相关政策的情况下，能否保证项目的正常运行？市政府新的扬尘管理规定，对我们有没有影响？环境影响评价中对项目有特别的要求吗？

7. **资金分析**。招标人的付款信誉如何？需不需要我们垫付资金？合同约定的付款进度对我们的资金压力有多大？能不能承受？

8. **利润分析**。正常运作这个项目能有多少利润？如果投入产出比不划算的话，有没有什么变通方法追回利润？

9. **竞争态势分析**。这一次会遇到哪些竞争对手？他们的优势和弱点是什么？他们和招标人的关系如何？我们有能力、有机会打败他们吗？

10. **风险预测与评估**。江苏省某设计院因为业主放弃项目、违约而损失惨重（提前备货和预定违约），最后破产了。这样的事情不能发生在我们身上。最近市场材料价格波动趋势如何？不能等到异常涨价之后再去和业主打官司吧！美元兑人民币的波动幅度近几年可能都会比较大，那么部分进口设备和材料的汇兑损失能承受吗？有对冲手段吗？

3.2.2 投标性质

即使决定要投这个标，也需要再想一想，我们这次是投一个正常的标，还是非正常的标。

1. 正常标

以保证的品质、保障的期限（工期、交货期、服务期限）、合理的价格去中标，追求正常利润。

2. 非正常标

（1）分担固定成本

有的投标人的企业经营状况不好，在没有收入的情况下，固定成本仍在发生，比如人员的工资要照常发放，还有设备的折旧也要继续。在这种情况下，如果能接到一单生意，哪怕是不赚钱，也可以由此项目分担一部分固定成本。这种情况下，允许报出超低的价格，哪怕是零利润的报价，也是**不赚钱相当于赚了钱**。

（2）参与式投标

参与式投标的时候应该尽量提高报价。

有时候，招标人邀请我们去参与一个招标的项目，但是我们企业本身业务繁忙，最近实在无法分身运作这个项目，但又不好驳招标人的面子，只好去参与一下，这就叫**参与式投标**。

有时候不是因为忙，是因为项目金额太小，不符合企业的发展战略和市场规划，所以我们不想去投标。但是关系很好的长期合作的客户邀请你去投标，你这次要是不去，以后有了大项目，这个客户也就不会再邀请你了，只好去参与式投标。

串通投标分两种，招标人和投标人串通叫作内外勾结，投标人和投标人串通叫作围标。围标和参与式投标的区别是，是否有串通投标的行为和事实。有串通投标的行为的是围标，是一种违法行为；没有串通投标的行为，大家只是基于一种默契在行事，这是参与式投标，它不违法。

（3）干扰

有时候通过招标文件或者其他渠道判断出招标人有内定的中标人，但是通过异议质疑和投诉不一定能解决问题，我们也可以使用这一招。比如华为公司曾经投一个国营采矿企业采购光纤光缆产品的标。当时这家企业内定了一个中标人，是华为公司的一个竞争对手，连设备、材料都进场了，一部分施工也已经开始。但是按照国有企业的采购管理制度，这次采购需要招标。当时该招标人打算补一个招标手续，按招标程序走个过场，让内定的那一家投标人中标。华为公司看到这个项目后，发现这个招标人的招标水平很差，评标办法就简单地设计了一个最低投标价中标的方法。所以华为公司就决定参与这个项目的投标，并把价格报到略低于市场价格的水平，最后迫使竞争对手以亏本的价格中标。中标人很辛苦地在合同履行阶段变更、索赔，再慢慢地弥补自己的损失。华为公司这一招就叫作**搅局**，或者叫**干扰**。因为竞争对手已经开始运作这个项目了，材料进场了，施工也开始了，这个时候撤退的损失比亏本还大。华为公司正是看准了这一点，所以采取了干扰的策略。利用这个策略，打击竞争对手，也向招标人不合法、不合规的行为，表明了自己的态度。

3.2.3　竞争策略

标书分析会上需要做出的最重要的决定是这一次的投标竞争策略。招标人的采购意图决定了投标人的竞争策略。我们的竞争策略又决定了投标方案。投标方案又将最终决定我们的报价策略和报价水平。

1. 以信取胜

靠自身的实力和信誉、保证的质量、保证的期限（工期、交货期、服务期限）、合理的价格去拿标。如果招标文件里的评标办法的价格权重占40%，技术权重占40%，商务、服务部分的权重占20%，这是典型的均衡分布——在商务、技术和价格三个方面没有明显地偏向哪一方，它代表着招标人在这一单采购里面是希望采购到稳妥可靠的供应。这种情况下投标人就应该采取**以信取胜**的竞争策略去投标。

2. 以质取胜

如果招标文件里的评标办法设计成技术权重占70%，价格权重占20%，商务、服务部分只占10%，你就应该知道这个招标项目的招标人这一次是想买好东西。我们就应该选择各方面的高配置来搭建投标方案，以技术上的优势和高质量的保证来拿标。这就叫**以质取胜的投标竞争策略**。

3. 以廉取胜

如果招标文件的评标办法显示的是价格权重占70%，技术权重占20%，商务、服务部分占10%，则说明招标人这一次是想压价、看重价格。那么我们就可以考虑采取低价策略去拿标。以廉取胜对投标人而言是最不好的投标竞争策略，但是有时候没办法，投标人是被逼打价格战的。打价格战只能是一种临时性的选择，它牺牲的是我们投标企业的利润。而一个企业没有利润是无法生存和发展的。只有那些规模够大、管理水平也很高的企业才有资格持续打价格战。企业规模不够大或管理水平不够高的企业最好通过创新走差异化的道路，避开价格战。

4. 以快取胜

有时候招标人出于期限的压力，工期紧、交期急、服务响应时间短，需要投标人的帮助。我们可以考虑在投标方案里加大投入，以满足招标人在期限方面的特殊要求，就有可能脱颖而出，出圈中标。

5. 创新取胜

通过种种创新，技术创新、工艺创新、产品创新、服务创新，达到招标人和投标人双赢的效果，这种投标方法和策略就叫作创新取胜。比如李嘉诚在刚刚创办长江实业集团开始地产开发生意的关键一仗——香港地铁中环站、湾仔站上盖物业项目的投标时，就是采用这个策略——商业规则的创新，以一个无名小卒的身份，挑落了一众国际大鳄、著名不动产开发商。因为当时香港地产升值很快，其他投标人的投标方案都是物业建设完成之后只出租、不出售，只有长江实业集团的投标方案是愿意出售的,这正好迎合了业主急需大量现金的迫切需要,故而一举中标。

案例:当年,香港地铁公司对中环邮政总局旧址公开招标,各大财团和地产公司闻风而动。香港地铁公司先后收到30个财团和地产公司的投标,其中李嘉诚的长江实业集团、英资的香港置地、日澳财团、辉白美公司、嘉年集团、顺隆有限公司、霍英东集团等都是香港乃至世界上著名的财团或公司,竞争十分激烈。

面对如此激烈的竞争局面,李嘉诚亲自指挥投标。通过了解各方面情况,他深入地分析了香港地铁公司的要求,并对该项目的发展前景作了全面预测。他了解到,香港地铁公司因为同政府的另一笔交易需要耗费近6亿港元的现金。因此,针对香港地铁公司因为高额贷款筹集现金而急需现金尽快回流的具体情况,他在投标方案中提出将两个地盘设计成一流的商业中心与写字楼相结合的综合型商业大厦,而一反地产界只租不售的常规。并且为了稳操胜券,还相继抛出了另外两个"诱饵",其一是为满足香港地铁公司急需现金的要求,由长江实业集团主动提供现金作为建筑费;其二是将商业大楼出售后的利益由香港地铁公司和长江实业集团共同分享,并且再超平时各占五成的常规,由香港地铁公司占51%,长江实业集团占49%。

李嘉诚的长江实业集团最终中标,因此项目获得数亿港元的利润,从此声名大振,进入李嘉诚和长江实业集团的鼎盛时期。

6. 以退为进

一个好的业务是从来不说假话的,也从来不说真话。怎么理解这句话呢?它说的是我们不能欺骗客户,做得到就说做得到,做不到就说做不到;是就是,不是就是不是;有就是有,没有就是没有。因为我们现在无论是和客户也好,还是和供应商也好,都是致力于一种长期的战略合作伙伴关系,即我们常说的供应链。如果你欺骗客户或者供应商,也许短期能够获利,但从长远来看必将得不偿失。你会伤害这种长期关系,而且尝到甜头后容易养成欺骗习惯,长期如此行事,迟早有一天或因某一件事东窗事发、身败名裂,你们的企业会被踢出这个供应链生态,甚至不复存在。

那什么是一个好的业务从来不说真话呢?它指的是任何一个事务都不会那么简单和单纯,它一定会同时存在着很多个不同的侧面。除非是国家法规、政策要求的,或者是我们企业的规章制度要求的,我们在客户面前没有必要把所有的侧面都摊给客户看。我们会做有选择的表达，这既是做事的技巧，也是做人的技巧。你可以看到，世界上所有的新闻媒体天天都在做有选择的表达，完全撒谎的还是少数。

比如投标时，我们所投的某个设备，它缺少一个装置是无法完整地发挥效能的，或者发挥效能不充分，投标人因为专业所以我们知道，但招标人往往不够专业，他们意识不到，我们就没有必要在投标时、在投标方案中告诉他们这样的技术细节。减少配置这个装置自然投标报价就可以调低，增加我们的中标概率。等到我们中标后签订合同时，再告诉招标人，增加这么一个装置可以给对方带来更大的效益，从而把项目的最终支付价格调整上来。下面这个案例中的中标人是很侥幸地、无意识地使用了这一招，获得了中标机会。投标人应该有意识地去寻找这样的机会，利用自己的专业性，采取**以退为进**的投标竞争策略来获取利益。

案例：某网络设备和机房建设项目，我们的主要竞争对手是南方公司。通过开标前和甲方各部门周旋，得知南方公司在以前的项目合作中和甲方国资处有点矛盾。此次招标的专家邀请，是由国资处操办的。南方公司一直与甲方的网络中心关系密切，以前中标都与其网络中心的帮忙有一定关系。目前这个项目甲方参与项目评定的，除了邀请专家，还有本单位网络中心、国资处、审计等部门。

按照我们对南方公司投标风格进行测算，这个项目他们的报价应该在260万～265万元，而我们的价格也在这个区间。开标前一天晚上，就在大家头昏脑涨地开会到半夜没有结果，准备就这么报价的时候，负责这个项目的销售突然提出某设备是否需要整备某模块。工程师很确定地认为，不配这个模块对系统没有太大影响。大家赶紧调整技术方案和报价。第二天上午开标，果然不出所料，南方公司报价262万元，而我们的报价是257万元。经过下午的专家评审，我们公司中标了。

项目一实施，系统调试不通过！因为缺少一个关键的模块！就是开标前一天晚上我们去掉的那个！原来当时技术人员把这个模块的配置弄错了。这下甲方网络中心不愿意了，叫嚷着要重新招标。我们一时也不知如何解释。好在甲方国资处对我们公司还比较满意，认为重新招标费时费力，再说这也算是专家的疏忽，提议追加款项购买模块算了。最后因为项目实施时间比较紧张，甲方最终追加了购买模块的款项。

7. 着眼长远

有时候为了进入一个新的地区、新的行业、新的市场，我们需要一个好的样板案例，可能会报出一个超低价、零利润的投标报价。如果这种考虑紧密结合着企业的战略选择、战略变化，我们甚至会报出亏本的价格，以小亏换大胜。这种投标竞争策略叫作**着眼长远**。下面这个案例里面的华为公司为了抢占3G网络设备的市场，以不到国内竞争对手1/10的价格、不到国外竞争对手1/20的价格去投标，就是采用着眼长远的投标竞争策略。因为通信运营商市场的特点是，主网络设备采用了什么品牌的设备，后续的地、市、县的升级扩容、配套服务都得继续采用同一品牌，否则最底层的通信协议不兼容，华为公司后期有大把的机会挣到足够的利润。而且中国电信作为招标人，不想上马3G网络，想直接上马4G的LTE网络，3G技术的网络设备用了几年就不想要了，所以华为公司算是投其所好，专门给中国电信选择了最低的配置，并报出了超低的价格。而华为公司的这份报价是否低于成本，其实是无法证明的，对招标人来说这也不重要。重要的是华为公司品牌信得过。中国政府最终批准了这单交易。

案例：××年9月8日消息，中国电信CDMA网络设备招标的报价高低差别巨大，尤其是华为公司对中国电信81个本地网的总报价只有6.9亿元，而阿尔卡特-朗讯的报价高达140亿元，北电网络（中国）有限公司（以下简称北电网络）为120亿元，中兴通讯也达到70多亿元。

作为此前几乎没有多少CDMA网络设备地盘的华为公司来说，此次招标遇到了前所未有的困难。2007年，中国国内CDMA市场份额分别为：中兴通讯32%、摩托罗拉23%、阿尔卡特-朗讯22%、北电网络17%、华为公司2%。华为公司2%的份额主要分布在天津、福建等极少数的几个本地网，这为此次华为公司竞标中国电信CDMA滞留了太多困难。

据内幕知情者透露，开始做标书时，华为公司的报价与其他设备商的报价并没有60亿元的差距，当华为公司了解到中国电信领导在公开场合表示，将来CDMA网络也会向LTE方向发展时，华为公司随即决定给出不到7亿元的报价。

华为公司认为，尽管中国电信宣布要在移动业务上投入800亿元，但是既然长远的发展不是CDMA，那么，中国电信肯定不愿意将主要资金花在CDMA网络设备上，而肯定会最大限度地将资金花在争取移动用户、培育市场上。如果为中国电信建设廉价的网络，方便中国电信用更多的资金和精力去培养用户，这无异于帮中国电信度过目前最为尴尬的敏感时期。而且一旦政策允许民营企业入股运营商，华为公司将不惜一切代价下注中国电信。

3.3 报价方法

投标报价的策略与方法有三种：**求利润**、**求中标**和**平衡报价**。

3.3.1 求利润

如果是采取**求利润**的报价策略，你只需要在成本的基础上加上你要的或者说你觉得合理的利润，即为投标报价。谋事在人，成事在天，中不中标交给天决定。因为不可预测的因素实在是太多了，不如以不变应万变。宁愿不中标，也要守住利润，不能亏本做生意。市场上存在一些实力很强的、行业声誉很高的投标人就是这么操作的。这些实力特别强的、经营状况特别好的企业不需要委屈自己，反正也不缺项目做。如果你实力不强，就不能采取这种求利润的报价策略，否则中标概率会很低。

3.3.2 求中标

志在必得的投标项目，我们应该采取**求中标**的报价策略。求中标的报价策略需要算评标价、算得分。

1. 如果是采用最低评标价中标或最低投标价中标的招标项目，我们就需要预测各主要竞争对手的评标价格或投标价格，确保自己的评标价格或投标价格比竞争对手低就行了。这样不惜代价、志在必得地去投一个标，往往需要牺牲较大的利润，所以必须辅以不平衡报价的方法来挽回损失。

不平衡报价的方法是工程项目投标中会经常用到的一种报价方法，其他项目也可以参照这种操作思路。具体操作方法如下：

（1）清单量差分析。

估计招标人给的工程量清单的数量相比自己按招标图纸上计算出来的数量，今后会增加的项目，单价提高；减少的项目，单价调低。这样投标总价不发生变化，不会影响评标和中标，但是后期的实际结算价格会多出很多。或者根据工程地质资料以及现场踏勘情况，预计施工过程中会增加工程量的项目，投标人调高单价。

（2）清单错漏项分析。

招标图纸设计深度不够或者出现错误，在实际施工过程中有可能深化设计或者变更设计的；或者工程内容说明不清，对材料设备的技术指标、外观等级等特征要求描述不到位的，可能导致工程量清单描述内容有变更，需要重新组价的项目，比如部分使用现场搅拌混凝土、部分使用商品混凝土的项目，招标文件要求只报平均价，而具体施工时我们可以减少商品混凝土用量；或者招标文件中对某些比较特殊的施工方案、半成品工艺等未作具体要求的，比如大型隧道开挖机械的要求、地下室后浇带细部做法的要求、粗钢筋连接方式等，投标人可以调低投标报价，后期再引导建设单位认价和变更、索赔。

（3）能够早收钱的项目，比如开办费、土方工程、基础工程等，调高单价；后期开展或者会延期的项目，比如零散工程、附属工程、装饰装修工程、机电安装工程、粉刷油漆工程等，调低单价。赚取资金的时间价值和灵活调配。

（4）计日工和零星施工机械台班小时单价报价时，因为招标人在招标文件里面一般不提供量或量很少，可把单价适当调高。

（5）工程量清单中，虽然列有项目但无数量而实际施工中又可能遇到的单项，投标人应调高其单价，比如工程中可能会挖到湿土或者岩石等。

（6）措施费包干不调的这类不调价的单项，调高报价，一次到位。

2. 如果是采用综合评分法的项目，就要试算我们报出各价位的投标报价时，我们的价格得分和总得分（包含所有评审因素的总分），并与预测的主要竞争对手的总得分进行对比，确保我们的总得分比竞争对手的总得分高，那就是我们的投标报价位置。

实践中，你经常可以遇到如某投标人的报价异常高或者异常低，就会改变所有投标人的报价得分情况，进而改变中标结果。所以你需要警惕各种可能出现的情形以及它所带来的变化。

例：某公立高校软件项目招标，预算金额是544万元，投标供应商共有5家，其中A、C、D技术实力比较强，B和E无论是案例、项目分析还是演示，都非常不完善，因此这两家技术得分非常低。而该项目的价格分为15分，无论B和E报价多少都不会中标。但如果这两家有其中一家报价极低的话就会影响另外3家的价格得分。假如各家投标人报价如表3-4所示，则C中标，D即使报价比C低很多也无济于事，换句话说，在这种情况下，价格分已经失去了意义。

某公立高校软件招标项目各投标人报价与得分情况表 表3-4

投标单位	技术及商务资格得分（分）	价格分（分）	总分（分）	按政策、诚信等因素调整后的报价
A	66	1.18	67.18	380万元
B	28	0.88	28.88	510万元
C	81	0.93	81.93	482万元
D	75	3.00	78.00	150万元
E	25	15.00	40.00	30万元

这种情况下，评标委员会可能会要求投标人E澄清报价，或有其他投标人投诉E低于成本竞标，但是E可以这样回答"我们以前做过一个同样的软件项目，这次不需要专门开发，直接把上次开发好的软件照搬过来使用就能满足本项目的招标文件要求，所以成本可以做到这么低。"只要合理解释、澄清，评标委员会还真的不能以其报价低于成本的名义废标。

如果这个项目没有E的出现，或在评标时E不能合理解释其超低的投标报价而被评标委员会废标，那么原第一名C的价格分=150/482×15=4.67分，C的总得分变为85.67分，而最低报价D的价格分变为满分15分，D的总得分为90分，中标人立马易主，由C变成D。

3. 如果评标办法是接近评标基准价中标或者接近评标基准价得高分的项目，价格的高低就不再是决定性因素，报价的重点也不再是平衡报价和利润之间的关系，抓住评标基准价的位置，让我们的报价最大限度地接近评标基准价才是关键。这就要用到我们的概率论和数理统计的知识了。下面以二郎公路项目的报价分析来说明这个问题。

例：二郎公路项目招标，采用的是合理低价法（相当于本书中所说的接近标底法，按相关部门规章规定公路工程主体工程应采用此评标办法；主体工程为主跨200m及以上的特殊结构桥梁、长度6km及以上特长隧道等技术特别复杂的工程可采用综合评分法）。对通过第一信封评审的投标人，不再对施工组织设计、项目管理机构、技术能力等因素进行评分，仅依据评分基准价对评标价评分，评标价等于评标基准价的得满分，高于评标基准价按每高1%扣1分，低于评标基准价按每低1%扣0.5分，中间值用插入法进行计算，小数点后保留两位有效数字。另可设置不超过总满分2%的信用评分。按照得分由高到低排序，推荐中标候选人。

基准价的确定：随机权重法。

以有效投标文件的评标价算术平均值为 A（若有效投标文件≤10家时，直接取算术平均值为 A；若有效投标文件＞$N×10$家时，去掉其中的 N 个最高报价和 N 个最低报价后取算术平均值为 A，N 为自然数），最高投标限价为 B，则：

$$评标基准价 = A×K_1×Q_1 + B×K_2×Q_2 \quad (3-1)$$

式中，$Q_2=1-Q_1$，Q_1 的取值范围30%~70%；

K_1 的取值范围为95%~100%；

K_2 的取值范围为（85%+M%）~（90%+M%），其中 M 为0~5的自然数，由招标人在编制招标文件时结合项目实际自行选取 M 值后明确 K_2 的取值范围。

Q_1 值、K_1 值、K_2 值均由第一信封开标现场随机选择的投标人代表在开标现场使用某市公共资源交易中心电子开评标系统随机抽取确定。

注：

1. 本招标文件 $M=3$；
2. 其中 Q_1 取值的步长为1%，K_1 和 K_2 取值的步长为0.5%，包含首尾；
3. 投标人代表甲在开标会上现场使用某市公共资源交易中心电子开评标系统随机抽取 Q_1 的流程和计算公式如下：

（1）投标人代表甲输入任意一个1000以上的整数 x。

（2）开标系统获取投标人代表甲输入整数的具体时间（国家授时中心标准北京时间，精确到毫秒），并与1970年1月1日00：00：00相减得到距1970-01-01 00：00：00之间的毫秒数 y。

（3）整数：

$$n = \left[\frac{17×|\sin y|×x^2}{13}\right] \bmod 41$$

若 $n=0$，则抽中 $Q_1=30\%$；若 $n=1$，则抽中 $Q_1=31\%$，依此类推。以 $x=56555$，$y=1531987099966$ 举例，那么：

$$n = \left[\frac{17×|\sin 1531987099966|×56555^2}{13}\right] \bmod 41 = 27，投标人代表甲抽中 Q_1=57\%。$$

（4）计算过程中整数部分和小数部分共计保留位数28位。

4. 投标人代表乙在开标会上现场使用某市公共资源交易中心电子开评标系统随机抽取 K_1 的流程和计算公式如下：

（1）投标人代表乙输入任意一个1000以上的整数 x。

（2）开标系统获取投标人代表乙输入整数的具体时间（国家授时中心标准

北京时间，精确到毫秒），并与1970年1月1日00：00：00相减得到距1970-01-01 00：00：00之间的毫秒数y。

（3）整数：

$$n=\left[\frac{17\times|\sin y|\times x^2}{13}\right] \mod 11$$，若$n=0$，则抽中$K_1=88\%$；若$n=1$，则抽中$K_1=95.5\%$，依此类推。以$x=435891$，$y=1531987816952$举例，那么：

$$n=\left[\frac{17\times|\sin 1531987816952|\times 435891^2}{13}\right] \mod 11=4$$，投标人代表乙抽中$K_1=97\%$。

（4）计算过程中整数部分和小数部分共计保留位数28位。

5. 投标人代表丙在开标会上现场使用某市公共资源交易中心电子开评标系统随机抽取K_2的流程和计算公式如下：

（1）假设招标文件选取$M=3$，投标人代表丙输入任意一个1000以上的整数x。

（2）开标系统获取投标人代表丙输入整数的具体时间（国家授时中心标准北京时间，精确到毫秒），并与1970年1月1日00：00：00相减得到距1970-01-01 00：00：00之间的毫秒数y。

（3）整数：

$$n=\left[\frac{17\times|\sin y|\times x^2}{13}\right] \mod 11$$，若$n=0$，则抽中$K_1=88\%$；若$n=1$，则抽中$K_1=88.5\%$，依此类推。以$x=9861$，$y=1531988494259$举例，那么：

$$n=\left[\frac{17\times|\sin 1531988494259|\times 9861^2}{13}\right] \mod 11=8$$，投标人代表丙抽中$K_2=92\%$。

（4）计算过程中整数部分和小数部分共计保留位数28位。

分析

首先我们不要被评标办法里眼花缭乱的数学公式迷惑了，所谓的正弦函数取正之后再向下取整最后取余计算都是确保一个随机性，没有什么意义，不要被唬住了。

这里的关键就是评标基准价的计算公式：

$$评标基准价 = A\times K_1\times Q_1+B\times K_2\times Q_2 \tag{3-2}$$

这个公式里的B是已知的，就是招标文件里面给出的最高投标限价。而最高投标限价基本上都是按照定额计算得出的(以前强制,现在参考),而定额是含有风险利润的价格。国家税务总局曾经发文说过,工程行业平均利润在10%~20%。公路工程项目利润偏高,这个项目假设利润20%(具体准确数值结合所投区域当地公路项目的利润情况)。如果这是一场正常的、充分的投标竞争,投标人报价(公路项目的评标价只做算术修正实际上是一个投标价)的算术平均值应该就是当地市场行情的位置。假设当地的公路工程项目有5%的利润大家就愿意干,那么最高投标限价下浮20%是当地建设公路工程的成本值,再加上按市场行情的利润取5%,$A=85\%B$。

另外,四个变量K_1、K_2、Q_1、Q_2都是在开标现场随机产生的。按照概率分布规律,K_1和K_2都是呈泊松分布的,而Q_1与Q_2呈二项分布。而不管是泊松分布还是二项分布,在自由度足够大时最终的概率分布曲线都是呈正态分布的,如图3-1所示。

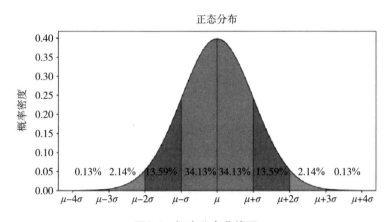

图3-1 概率分布曲线图

也就是各变量出现在中位数附近的概率最高,那么可以据此得出各期望:Q_1 = 50%,Q_2 = 50%,K_1 = 97.5%,K_2 = 90.5%。

而两个相互独立随机变量乘积的期望等于这两个随机变量期望的乘积。

即:评标基准价 = $85\%B \times 97.5\% \times 50\% + B \times 90.5\% \times 50\% = 86.6875\%B$

也就是说,二郎公路项目应该把价格报在最高投标限价下浮13.3%的这个位置,中标概率最大。

3.3.3 平衡报价

在大多数的项目里面我们采取第三种投标报价策略——**平衡报价**，即在利润和中标概率之间寻求平衡。

如果是低价中标的项目中，不管是最低评标价中标还是最低投标价中标，我们的报价水平按照期望值理论选期望值最大，即预期收益最大的那个价位，如式（3-3）所示：

$$\text{预期收益} = \text{中标概率} \times \text{中标利润} \quad (3\text{-}3)$$

我们可以通过数年积累形成的大数据库里的各竞争对手的历史报价数据，预测我们的投标报价处于不同价位时的中标概率。同时不同的投标报价对应着不同的中标利润。选3～5个中标概率与中标利润对应的点，就能描绘出一条报价曲线，如图3-2所示，选择横轴数值和纵轴数值相乘面积最大（即期望值最大）的那个A点所对应的报价水平，即我们理论上的最佳报价水平点位置，再根据一些对报价有影响的因素来对投标报价进行调整。

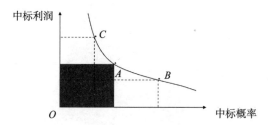

图3-2　中标利润与中标概率关系图

价格调整因素包括：

1. 投标人自身因素

（1）成本

在标书分析会上确定了投标竞争策略之后，就决定了投标方案，也就决定了项目成本。如果是成本加利润的报价方法，就直接在成本的基础上加上我们要的利润去报价。如果是其他报价方法，测算出来能够中标的投标报价低于成本的时候就需要慎重考虑。没有特别的理由，我们没有必要低于成本去做投标报价。

（2）能力饱和度

如果我们年生产能力就100万台，现在已经8月底了，企业今年所接订单数量才30万台，那么剩下这几个月需要降价促销；如果现在8月底，但企业今年所接订单数量已经到了90万台，那么在今年剩下的4个月里这10万台的富余生产能力就必须提高卖价。

（3）产品/服务的成熟度

如果我们在投标方案里采用了大量的新技术、新工艺、新产品、新服务，我们需要把价格报得稍高一点，以抵御未来可能的经营风险；如果我们在投标方案里面采用的都是成熟的技术、成熟的产品和服务，我们就有条件打价格战（有条件打，不代表就一定要打）。

2. 竞争对手因素

（1）竞争对手的行业地位

市场领袖品牌，不会轻易地打价格战，一般不会报低价；市场的新进入者，它们寻求在新市场站稳脚跟，需要好的样板案例，往往会选择打价格战、报低价。根据我们预测或确知的本次投标所遇主要竞争对手的行业地位，预判竞争对手的报价高低，相应调整我们的投标报价。

（2）竞争对手的历史报价习惯

每个企业的投标报价很大程度上是由它背后的供应链所决定的。进价贵，就会卖价贵。而供应链是很难被轻易地改变。所以每个企业都会习惯性地在不同的行业领域、不同类型的项目上呈现出明显的报价规律性。有些项目他们的报价一直很高，而有些项目他们的报价就是经常性的偏低。

（3）竞争对手与客户的关系

我们当然会长期研究战略竞争对手。如果能够通过一些渠道了解到这个竞争对手和这次招标项目招标人的关系，就有助于帮助我们判断竞争对手的报价情况。如果这个竞争对手和这个招标人关系很好，甚至这个项目就是为这个竞争对手量身定做的，那这个竞争对手在这个招标项目中的投标价格可能会偏高；如果这个竞争对手和这个招标项目的招标人关系很差，甚至有过经济纠纷，那这个竞争对手这次很有可能会报低价来搅局。

3. 招标人因素

（1）预算和心理价位

招标人对这次招标采购的预算和心理价位很重要。预算基本是红线，如果预算对于运作本项目不够，尽量提醒招标人调整预算，而不要到后期投标时莽撞地突破招标人的预算。招标人的心理价位更重要，管理招标人的价格预期，引导招标人对投标方案价值的认同，直至调高招标人在本次招标采购中的预期价格水平，确保我们最终的报价落在招标人预期的价格范围之内。

（2）价格权重

招标文件中所看到的价格权重分布情况代表着招标人在本次采购中对价格的重视程度。如果招标文件中的价格权重是10%（100分中价格占10分），代表招标人本次招标采购中价格不是最被看重的因素，那么在这样的项目里面报低价、打价格战没有意义。如果招标文件中价格权重是70%，价格分的计算方法是：最低价得满分，最高价得0分，这种项目里打价格战的效果就很明显，可以说价格基本上是一招制胜。

（3）招标人的资金充足率

招标人本次项目投资的资金充足情况，也决定了我们是否有条件报高价。比如说有段时间电网资金充足，那么电网的招标项目允许把价格报得高一点；而电厂资金紧张，那么投标电厂的招标项目时就要慎报高价。

（4）招标采购人员的性格和职业秉性

如果我们所遇到的招标采购人员不拘小节，做事豪爽，报高价的可能性可以高一点；如果遇到的招标采购人员优柔寡断、谨小慎微，那么你就要慎报高价。

4. 项目因素

根据项目实际情况，具体问题具体分析，适当调高或者调低报价，这种报价方法主要包括灵活报价法和不平衡报价法。我们会在下一个小节中详细阐述。

5. 投标报价调整分析表

结合前面的竞争策略和报价水平，可以再结合前面的调价因素分析，制作报价调整因素分析表（表3-5）来决定是否应该把价格稍微调高，还是把价格稍微调低。每项价格调整因素可以按照影响力赋予一定的权重，比如有的因素赋权调价1%，有的因素赋权调价2%，等等。最后权衡所有价格上调因素和价格下调因素，总体平衡之后决定最终价格适当上调或下调。

报价调整因素分析表　　　　　　　　　　　表3-5

价格上调因素	调价比例（%）	序号	价格下调因素	调价比例（%）
		1		
		2		
		3		
		…		
		…		

3.3.4 其他报价方法

1. 灵活报价法

（1）项目出现下列情形需要调高报价：

1）项目实施条件差，比如工程项目的施工场地狭窄、地处闹市，导致材料无处堆放，没有大货车可以通行的施工便道等。

2）技术要求高的技术密集型项目，而本企业在这方面有专长、声誉较高，应该把报价适当调高。品牌是要溢价的。

3）有些小项目的利润相对于企业的整体收入本来就不多，我们可做可不做的项目，以及有些我们本来不愿意参与的项目，但是被招标人邀请投标，不方便拒绝的项目。

4）特殊项目，比如涉密项目、港口码头等，因为相关要求比较高，能做的企业比较少，招标人相对于投标人没有那么强势。

5）招标人对于期限的要求比较高，要求工期、交货期、服务响应时间尽量提前的项目。

6）竞争不激烈，竞争对手少的项目。

（2）项目出现下列情形需要调低报价：

1）投标人急于打入某一个新的市场的项目。

2）投标人经营状况不好，近段时间接到的投标邀请也比较少的项目。

3）竞争对手咄咄逼人，我们为了赢得项目不得不报出比较低的投标价格。

4）投标人为了开拓一个新的业务类型，需要好的样板案例。

5）附近正好有本单位的其他项目，后期的人员、设备转移费用较低，如果两个项目在一起，整体的管理成本也会降低，这种情况可以考虑调低报价，利润并不会减少。

6）投标项目风险小，技术简单，但是量大、社会效益好的项目。比如方舱医院。

2. 无利润算标

很多时候出于特殊的考虑，为了进入一个新的市场、开拓一种新的业务类型，或者采取以退为进、着眼长远的竞争策略，我们都可以报出零利润，甚至亏本的投标报价。

3. 多方案报价

我们在严格响应招标方要求提交一份正式方案（正选方案）的基础上，再增加一个自由发挥的备选方案。这个备选方案应该能够更好地发挥企业的优势，一旦以这个方案中标、签合同，我们可以获得更高的利润。但是这种操作基于两点，一是招标文件里面明确表示"接受备选方案投标"，一般招标人在招标文件的投标人须知前附表中都会明确表示"是否接受备选方案投标"；二是这个备选方案应该是一个双赢的方案，是基于投标人比招标人更专业而提出的一个解决手段更高明、双方都能够因此获利的方案。

本章案例分析——重庆市白市驿隧道项目

声明：本案例所涉及信息均为公开信息，可见于重庆市公共资源交易网。

重庆市白市驿隧道项目一期工程第1标段于2021年11月22日在全国公共资源交易平台重庆公共资源交易网发布招标公告及招标文件，招标编号：CQTTZB2021-089。项目最高投标限价公布为1775697155.81元。2021年12月21日中标候选人公示结果如下：

第一名 中建三局集团有限公司 投标报价 1009308441.30元

第二名 中铁四局集团有限公司 投标报价1226094879.56元

第三名 中交一公局集团有限公司 投标报价1390370443.16元

2022年1月4日项目发布中标结果公示：中标人为中建三局集团有限公司，中标价1009308441.30元。

按照招标文件要求，低价风险担保：中标价低于最高限价的85%时提供，如不按时足额提供，视为中标人放弃中标，招标人有权不退还其投标保证金，并报招标投标行政监督部门按照信用管理办法的规定处理，对中标人的不良行为直接记12分，同时纳入重点关注名单。若投标人为联合体，由联合体牵头人或按照联合体协议的约定提交低价风险担保。

中标人提供低价风险担保的形式、金额及期限：

（1）低价风险担保的形式：现金或银行保函或现金+银行保函的组合；采用银行保函形式的，保函必须为不可撤销且见索即付。

（2）低价风险担保的金额：（最高限价×85%－中标价）×3，且最高不超过最高限价的85%，红名单中的中标人低价风险担保金额为应缴纳金额的50%；中标人是否属于红名单以开标环节信用状况查询结果为准。

（3）低价风险担保送达招标人的时间：从招标人低价风险担保书面通知送达拟中标人之日起15个工作日内。

（4）中标人因自身原因未按中标通知书规定的时限与招标人签订合同的，招标人有权扣除其低价风险担保并取消其中标资格。

（5）低价风险担保的期限：自低价风险担保生效之日起至竣工验收合格之日止。

据此计算，该项目中标人中建三局集团有限公司（以下简称中建三局）需要向招标人提交约15亿元的低价风险担保。

最终我们并没有看到招标文件里所承诺发布的各中标候选人的得分情况，中标结果公示于中标候选人公示结束2周后。

本项目评标办法：价格分80分，商务技术分20分，其中价格分的评分标准是"最低投标价得满分，最高投标价得75分，其他投标人的报价得分按插值法计算得出。具体计算公式如下：投标总报价得分＝80－（80－75）×（投标总报价－最低投标总报价）/（最高投标总报价－最低投标总报价）"。

本项目各参与投标企业报价情况如表3-6所示。

唱标记录 表3-6

序号	参与投标企业	报价（万元）	下浮点位
1	中建三局	100930.84	43.16%
2	中铁二十三局集团有限公司	107406.83	39.51%
3	中铁四局集团有限公司	122609.49	30.95%
4	中交路桥建设有限公司	122736.18	30.88%
5	中交第三航务工程局有限公司	128382.90	27.70%
6	中铁十五局集团有限公司	129338.06	27.16%
7	中交第二航务工程局有限公司	129610.48	27.01%

续表

序号	参与投标企业	报价（万元）	下浮点位
8	中国铁建大桥工程局集团有限公司	131366.00	26.02%
9	中电建路桥集团有限公司	131404.80	26.00%
10	中铁隧道局集团有限公司	132644.58	25.30%
11	中交第三公路工程局有限公司	134331.49	24.35%
12	重庆交通（建设）集团有限责任公司	135485.71	23.70%
13	中铁十一局集团有限公司	136746.13	22.99%
14	中交一公局集团有限公司	139037.04	21.70%
15	中铁十四局集团有限公司	140288.60	21.00%
16	中建隧道建设有限公司	142051.86	20.00%
17	广西路桥工程集团有限公司	143511.78	19.18%
18	中铁八局集团有限公司	143661.67	19.10%
19	中交第四公路工程局有限公司	146469.92	17.51%
20	中交第二公路工程局有限公司	149760.57	15.66%
21	中铁十八局集团有限公司	150934.26	15.00%
22	中铁二局集团有限公司	150952.01	14.99%
23	四川公路桥梁建设集团有限公司	151111.83	14.90%
24	中铁十七局集团有限公司	155342.64	12.52%
25	中铁十二局集团有限公司	158250.18	10.88%
26	上海隧道工程有限公司	159798.31	10.01%
27	中铁二十局集团第一工程有限公司	172686.55	2.75%
28	中铁大桥局集团有限公司	176681.54	0.50%

问题

1. 招标人把一个价格权重实际只占20%的项目设计成价格分满分80分，招标人为什么要这样做？这个项目有没有内定的投标人？如果有，你觉得是哪一家？

2. 中建三局这一次的低价抢标算不算成功？后续的项目实施过程中，你估计他们会用什么方法追回一部分利润？

3. 这个项目为什么没有按照招标文件的承诺公布各中标候选人的分数？如果你作为投标人参与了这个项目，遇到这种情况，你会进行异议投诉吗？

分析

1. 这个项目看起来价格分很高（80分），但是最低投标价得80分，最高投标价得75分。最高价与最低价之间的分差只有5分。也就是说所有投标人的价格分的分差不会超过5分。加上技术分20分，这个项目所有投标人真正竞争的就是这25分。这25分中技术分20分，价格分5分。如果按照百分制来对应，相当于这个项目实际上是100分里面，技术分80分，价格分20分。把一个实际上是技术分80分、价格分20分的项目，伪装成一个价格分80分、技术分20分的项目，招标人这样"明修栈道，暗渡陈仓"到底意欲何为呢？

有两种可能性。

一种可能性是诱使投标人冲低价。让投标人误以为这个项目是要拼价格的项目。

但实际情况我们可以看一下唱标记录。最高价与最低价之间的价差约7.5亿元。而最高价与最低价之间的分差最多5分。也就是1分约等于1.5亿元，即付出1.5亿元的代价也只能多拿1分。

而通过这个项目的评标办法我们可以看到，20分的技术分里面全部是主观分，评审标准全部是"良好""一般"这样的描述。"良好"的分值区间是"1.6~2.0分"，甚至还有一个是"3.2~4.0分"。同样是"良好"，每个小项评分宽严不一，每个小项多打"0.1~0.2分"是很容易的事情，这样就能很快地把"少报1.5亿元多得1分"的低价带来的价格分优势冲掉了。

所以你要确保领先优势，可能至少要在价格分部分比别人多拿2分，才能确立绝对优势，也就是低于正常报价3亿元才能确保中标。

这也就是中建三局做的事情。那么中建三局为什么要不惜代价地拿下这个标呢？

我们注意到，中建三局2020年新签合同额近6000亿元，全口径营业收入超过3000亿元。而中建八局集团有限公司（以下简称中建八局）2020年新签合同额5575亿元，营业收入3066亿元。但是从2021年起，中建八局逐渐有赶超中建三局之势。2021年上半年新签合同金额中建八局就以2250亿元远超中建三局的1890亿元。"三八之争"眼看水落石出，中建系排头兵的荣誉要从中建三局转移到中建八局了，中建三局相当着急！

中建三局因此制定了"双万亿"企业发展战略——除了房建领域产值要超万亿元，还要在基建领域产值超万亿元。而这次的重庆市白市驿隧道项目是一个有一定难度系数的超长隧道项目，是中建三局亟须转型基建所需要的样板案例，具有很高的战略价值。

另一种可能性是隐藏招标人的倾向性。

根据目前双方博弈的情况来看，如果招标人倾向于中建三局，好像不需要中建三局付出这么大的代价（下浮43.16%），毕竟工程项目不可能有40%的利润。后续的变更索赔也难以把这几亿元的损失都追回来。

招标人属意的投标人可能另有其人。因为没有公布各家的得分情况，我们无从判断。

但两家报价异常高的投标人意欲何为？因为有这两个价格的存在，导致这个项目本来1亿元就能够换1分，现在需要1.5亿元才可以换1分。价格因素被进一步淡化了。只要是综合评分法的项目采用"低价优先"设计思想设计价格分计算公式的，有1~2家投标人报极低价都能极大地改变所有投标人的报价得分情况（"低价优先"设计思想具体内容见本书的姊妹书《夺标·合规高效的招标管理》第4章）。

如果没有中建三局低价抢标，中标人将是中铁四局集团有限公司。

中交一公局集团有限公司报价排名第十四名，总分却排进前三名，说明技术标的评分标准对其有利。

这里面留给大家的想象空间太大了！

另外，其实这个项目的评标方法是综合评分法，技术分占80%，价格分实际上只占20%。虽说这一次的技术标是暗标评审，但作为业内专家的评标委员会是能分辨各家技术标的不同的。而技术分的打法基本上是主观分，而且技术标的评审因素设计的分值比较大，看起来分值只有"2分""4分"。但是这里的2分相当于百分制的8分，4分就相当于百分制的16分。主观分值这么大的评标方法分设计很少见。

2.最高投标限价17亿元的项目，中建三局10亿元的中标价格，还需要缴纳15亿元的低价风险担保。这样的超低价抢标，是典型"伤敌一千，自损八百"的做法。利润这么低，甚至可能无利可图。虽然有战略考虑做支撑，但笔者还是建议低价抢标要有一个度。一般建议大家低价抢标的时候有两个节点可供选择，一个是投标报价略高于最高投标限价（预算或合同估算价）的七成（即下浮率不超过30%），另一个是投标报价略高于最高投标限价的五成（即下浮率不超过50%）。这两个节点不容易引起评标委员会要求投标人澄清、证明投标人中标后保证质量、诚信履约。工程项目利润没有那么高，一般不选择五成这个位置，建议选择七成这个位置。如果这次中建三局把价格报在最高投标限价17.757亿元的基础上七成多一点这个位置，即略高于12.43亿元，比如12.45亿元，是否仍然可以把标抢走？至少风险和利益的平衡会更好。

中建三局后续可能会利用一些技术创新来节省成本，同时还可以利用不平衡报价的方法来引导认价和索赔，从而挽回一部分损失。按照招标文件的规定，这个项目的变更与索赔政策是相当宽松的，包括：质量要求不高，只要合格，不需要创优；材料人工超过信息价5%可调价；清单各单项综合单价的最高限价不准确；设计图纸里的错误和漏洞；清单量差超过15%可以修正单价等。同时，这个项目还有一个煤矿采空区，尚有发挥的空间。

3.在中标候选人公示结束之后，这个项目一反常态，没有立即公示中标结果。当时社会有很多议论，说中建三局恶意低价投标。紧接着中建三局在其微信公众号上发布十大黑科技，间接回应社会舆论——我们的低价是以科技创新为支撑的。

其实现在整个社会已经不赞成以低于成本竞标的名义否决投标了。政府采购中率先废除了低于成本投标无效的规定，只要中标候选人能够证明诚信履约、保证质量就可以。《招标投标法》修订征求意见稿也把这一条删掉了。所以中建三局本次中标地位不可动摇，而招标人根据地方性法规《重庆市招标投标条例》的规定收取15亿元的低价风险担保，也足以保护招标人的利益不会因为低价中标而受到伤害。最终是一个双赢的结局。

另外，对于该项目而言，如果我们没有在截标日十天前提出对招标文件的异议而错过异议的时效，也没有证据投诉有投标人互相串通投标或有招标人与投标人内外勾结，我们依然可以选择以"招标人没有按照招标文件的约定在中标候选人公示里公布所有中标候选人的总得分情况侵犯了投标人的权利"为理由，向政府监管部门投诉。

招标投标活动中一切违法行为，都可以到《中华人民共和国民法典》的基本法律原则中寻找法律依据——平等、自愿、公平、诚信、守法和不违背公序良俗。

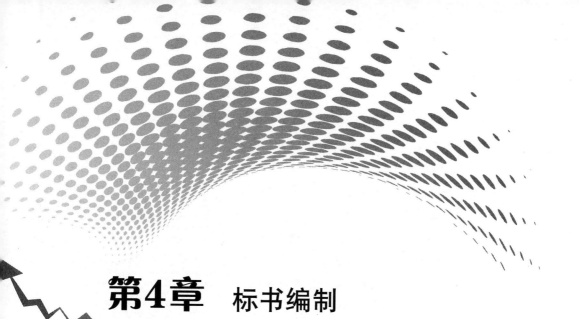

第4章 标书编制

4.1 招标文件的阅读理解

4.1.1 招标文件的结构

我们以国家发展和改革委发布的标准施工招标文件来举例说明:
《标准施工招标文件》
目录
第一章 招标公告（未进行资格预审）
1. 招标条件
2. 项目概况与招标范围
3. 投标人资格要求
4. 招标文件的获取
5. 投标文件的递交
6. 发布公告的媒介

7. 联系方式

第一章 投标邀请书（适用于邀请招标）

1. 招标条件

2. 项目概况与招标范围

3. 投标人资格要求

4. 招标文件的获取

5. 投标文件的递交

6. 确认

7. 联系方式

第一章 投标邀请书（代资格预审通过通知书）

第二章 投标人须知

投标人须知前附表

1. 总则

2. 招标文件

3. 投标文件

4. 投标

5. 开标

6. 评标

7. 合同授予

8. 重新招标和不再招标

9. 纪律和监督

10. 需要补充的其他内容

附表一：开标记录表

附表二：问题澄清通知

附表三：问题的澄清

附表四：中标通知书

附表五：中标结果通知书

附表六：确认通知

第三章 评标办法（经评审的最低投标价法）

评标办法前附表

1. 评标方法

2. 评审标准

3. 评标程序

第三章 评标办法（综合评估法）

1. 评标方法

2. 评审标准

3. 评标程序

第四章 合同条款及格式

第一节 通用合同条款

1. 一般约定

2. 发包人义务

3. 监理人

4. 承包人

5. 材料和工程设备

6. 施工设备和临时设施

7. 交通运输

8. 测量放线

9. 施工安全、治安保卫和环境保护

10. 进度计划

11. 开工和竣工

12. 暂停施工

13. 工程质量

14. 试验和检验

15. 变更

16. 价格调整

17. 计量与支付

18. 竣工验收

19. 缺陷责任与保修责任

20. 保险

21. 不可抗力

22. 违约

23. 索赔

24. 争议的解决

第二节 专用合同条款

第三节 合同附件格式

第五章 工程量清单

1. 工程量清单说明

2. 投标报价说明

3. 其他说明

4. 工程量清单

第六章 图纸

1. 图纸目录

2. 图纸

第七章 技术标准和要求

第八章 投标文件格式

目 录

一、投标函及投标函附录

二、法定代表人身份证明

三、授权委托书

四、联合体协议书

五、投标保证金

六、已标价工程量清单

七、施工组织设计

八、项目管理机构

九、拟分包项目情况表

十、资格审查资料

十一、其他材料

1. 招标公告、投标邀请函、代资格预审通过通知书

招标公告是公开发布招标采购信息，允许所有投标人来参与本次招标投标活动的文书。我们国家有法定的招标公告发布媒体。

《招标公告和公示信息发布管理办法》第八条 依法必须招标项目的招标公告和公示信息应当在"中国招标投标公共服务平台"或者项目所在地省级电子招标投标公共服务平台发布。

第九条　省级电子招标投标公共服务平台应当与"中国招标投标公共服务平台"对接，按规定同步交互招标公告和公示信息。对依法必须招标项目的招标公告和公示信息，发布媒介应当与相应的公共资源交易平台实现信息共享。

"中国招标投标公共服务平台"应当汇总公开全国招标公告和公示信息，以及本办法第八条规定的发布媒介名称、网址、办公场所、联系方式等基本信息，及时维护更新，与全国公共资源交易平台共享，并归集至全国信用信息共享平台，按规定通过"信用中国"网站向社会公开。

《政府采购法实施条例》第八条　政府采购项目信息应当在省级以上人民政府财政部门指定的媒体上发布。采购项目预算金额达到国务院财政部门规定标准的，政府采购项目信息应当在国务院财政部门指定的媒体上发布。

如果不属于政府采购项目，也不属于依法必须招标项目，就可以由招标人自行选择招标公告的发布媒体。招标人一般会选择自己单位的网站、自己单位的采购平台网站、行业主管部门主办的信息发布网站、行业门户网站等发布招标公告，也有一些社会机构主办的招标采购信息发布网站会自动抓取或与招标人联系发布招标公告。这些都是我们获取招标采购信息的渠道，加上线下与潜在招标项目的采购单位进行联系，构成了我们投标、中标的第一步。

2. 投标人须知和投标人须知前附表

"投标人须知"是这场招标投标活动的游戏规则部分，主要介绍这次招标采购的程序性的要求和投标人必须遵守的行为准则。

"投标人须知前附表"是把"投标人须知"正文里的重要内容以表格的形式让你一目了然地知悉。

由于招标采购的游戏规则是全世界招标采购活动经验的总结，有时候招标人会根据所招标项目的实际情况，对招标采购的游戏规则做一定的补充或修改，这些补充和修改的内容，也应该放入"投标人须知前附表"。

"投标人须知前附表"和"投标人须知"正文表达不一致的时候，以"投标人须知前附表"的说法为准。

3. 评标办法

（1）依法必须招标项目和政府采购工程项目在招标时需按照《评标委员会和评标方法暂行规定》要求选择"经评审的最低投标价法"和"综合评估法"。

注意，"经评审的最低投标价法"不是"最低投标价法"，"综合评估法"也不等于"综合评分法"，但是实际工作中往往会遇到招标人甚至行业主管部门把"经评审的最低投标价法"等同于"最低投标价法"，把"综合评估法"等同于"综合评分法"。作为投标人是相对比较被动的一方，最好选择顺应环境、顺应招标人的要求。招标人要拼价格，我们就拼价格；招标人要拼分数，我们就拼分数。只要我们承担得起，还是选择顺势而为比较好。

《评标委员会和评标方法暂行规定》第二十九条　评标方法包括经评审的最低投标价法、综合评估法或者法律、行政法规允许的其他评标方法。

第三十条　经评审的最低投标价法一般适用于具有通用技术、性能标准或者招标人对其技术、性能没有特殊要求的招标项目。

第三十一条　根据经评审的最低投标价法，能够满足招标文件的实质性要求，并且经评审的最低投标价的投标，应当推荐为中标候选人。

第三十二条　采用经评审的最低投标价法的，评标委员会应当根据招标文件中规定的评标价格调整方法，以所有投标人的投标报价以及投标文件的商务部分作必要的价格调整。采用经评审的最低投标价法的，中标人的投标应当符合招标文件规定的技术要求和标准，但评标委员会无须对投标文件的技术部分进行价格折算。

第三十三条　根据经评审的最低投标价法完成详细评审后，评标委员会应当拟定一份"标价比较表"，连同书面评标报告提交招标人。"标价比较表"应当载明投标人的投标报价、对商务偏差的价格调整和说明以及经评审的最终投标价。

第三十四条　不宜采用经评审的最低投标价法的招标项目，一般应当采取综合评估法进行评审。

第三十五条　根据综合评估法，最大限度地满足招标文件中规定的各项综合评价标准的投标，应当推荐为中标候选人。

衡量投标文件是否最大限度地满足招标文件中规定的各项评价标准，可以采取折算为货币的方法、打分的方法或者其他方法。需量化的因素及其权重应当在招标文件中明确规定。

第三十六条　评标委员会对各个评审因素进行量化时，应当将量化指标建立在同一基础或者同一标准上，使各投标文件具有可比性。

对技术部分和商务部分进行量化后，评标委员会应当对这两部分的量化结果进行加权，计算出每一投标的综合评估价或者综合评估分。

第三十七条　根据综合评估法完成评标后，评标委员会应当拟定一份"综合评估比较表"，连同书面评标报告提交招标人。"综合评估比较表"应当载明投标人的投标报价、所做的任何修正、对商务偏差的调整、对技术偏差的调整、对各评审因素的评估以及对每一投标的最终评审结果。

（2）**不属于依法必须招标的企业采购项目，招标人可以任意选择评标方法**，当然不外乎定性评审和定量评审两大类，其中定量评审又分为折价和打分两类，具体如图4-1所示。

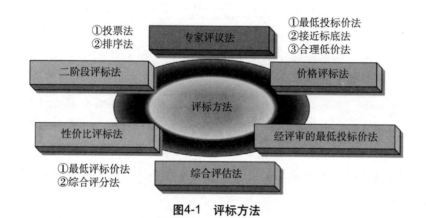

图4-1　评标方法

如图4-1所示是一个非常完整的评标方法体系，几乎涵盖了所有的评标方法类型。在其他地方见到的形形色色的评标方法，基本上都可以在这个体系中找到其相对应的评标方法名称，进而掌握其内涵、适用范围和操作方法。

1）专家评议法

专家评议法是定性的评标方法，分为两个小类别：**投票法**和**排序法**。

投票法，又称票决法，即评标委员会把投标文件看一遍，然后举手表决，得票数最高的投标人中标。有时候会把这种方法玩得精确一点，那就是**排序法**，即评标委员会把投标文件看一遍，然后根据评标委员会的判断对投标文件的优劣做一个排序，并根据排序打分，表现最好的第一名打1分，第二名打2分，以此类推，最后把各评标委员会的分数相加，总分最低的投标人中标。这种排序法说到底还是一种投票法，只不过是精确一点的投票法而已。

专家评议法适用于：

①只能定性评审，无法量化评审的项目。例如一个概念设计项目的招标，评标委员会把各投标人的概念设计方案仔细看一下，然后就直接举手表决。

②金额特别小的招标项目。例如，几万元的挖沟、砌墙项目。

2）价格评标法

价格评标法分为三个小类别：**最低投标价法、接近标底法、合理低价法**。

①**最低投标价法**：谁的投标价最低谁中标。

②**接近标底法**：谁最接近评标基准价谁中标（注意：评标基准价和事先编制的标底不同，是通过所有投标人的报价临时算术演算得出的）。

③**合理低价法**：在评标基准价的基础上设定有效标范围，即向上向下的最大偏离值；或以商务技术得分划定有效标范围，然后在有效标中挑选报价最低的投标人中标。

3）经评审的最低投标价法

经评审的最低投标价法是把所有的商务偏离拿来对算术修正后的投标报价进行加减调整。加减的原则是，对招标方有利的商务偏离可以减价；对招标方不利的商务偏离要加价。这样把投标价变成评标价，评标价最低的投标人中标。

4）综合评估法

综合评估法分为两个小类别：一个是折价的方法，称为**最低评标价法**；另一个是打分的方法，称为**综合评分法**。

①**最低评标价法**是把所有的商务偏离和技术偏离都与算术修正后的投标报价进行调整，这样把投标价变成评标价。调整的方法还是对招标方有利的商务技术偏离减价，对招标方不利的商务技术偏离加价。最后还是评标价最低的投标人中标。

②**综合评分法**是把所有的商务、技术评审因素给予一定的权重，每个大项又划分成若干小项，每个小项给予一定的分值，然后每个小项逐项打分，再把分数相加，总分最高的投标人中标。

5）性价比评标法

性价比评标法类似于综合评分法，但是不打价格分。首先把价格忽略，然后将所有的非价格因素全部打分再相加，最后用这个总分除以投标报价，得出的商最大的投标人中标。

6）二阶段评标法

二阶段评标法，一般先开技术标，技术标过关的投标人再开其商务标，商务标最好的中标；极少时候也会反过来操作，先开商务标，商务标过关的投标人再开其技术标，技术标最好的中标。一般做法是第一阶段的评审先打分，设定第一阶段评审过关的合格分数线，没过合格分数线的投标人在第一阶段直接被淘汰；第二阶段的评审可以打分，也可以折价。第一阶段的得分可以带入第二轮，也可以不带入。二阶段评标法的主要目的是减少评标工作量。

（3）**政府采购项目（除工程招标以外的）需要按照财政部《政府采购货物和服务招标投标管理办法》的要求采用的评标方法是"最低评标价法"和"综合评分法"**。

《政府采购货物和服务招标投标管理办法》的"最低评标价法"实际上是一个"最低投标价法"，它没有在评标时对商务偏差做价格调整。

《政府采购货物和服务招标投标管理办法》第五十四条 最低评标价法，是指投标文件满足招标文件全部实质性要求，且投标报价最低的投标人为中标候选人的评标方法。

技术、服务等标准统一的货物服务项目，应当采用最低评标价法。

采用最低评标价法评标时，除了算术修正和落实政府采购政策需进行的价格扣除外，不能对投标人的投标价格进行任何调整。

（4）其他和评标方法相关的主要部门规章的要求

①房屋建筑和市政工程项目按照《房屋建筑和市政基础设施工程施工招标投标管理办法》规定采用经评审的最低投标价法（其实就是我们说的最低投标价法）和综合评估法。

②公路工程项目按照《公路工程建设项目招标投标管理办法》的规定采用经评审的最低投标价法（其实就是我们说的最低投标价法）、合理低价法（其实就是我们说的接近标底法）、技术评分最低标价法（其实就是我们说的合理低价法）和综合评分法。

③机电产品国际招标项目按照《机电产品国际招标投标实施办法（试行）》的规定采用最低评标价法和综合评价法（其实就是我们说的综合评分法）。

4. 合同条款及格式

目前所见到的各部委（局）提供给大家的标准合同文本多半是参考国际咨询工程师联合会（FIDIC）的合同条件和世界银行的通用合同条款所编制的。

这些通用合同条款经过几十个国家、数百年的实践千锤百炼，基本上对于双方需要承担的权利和义务约定得比较均衡，以诚信的态度面对即可。所有对投标人不公平的通用合同条款，可以在投标前的澄清、答疑环节以书面方式提出。有时候保持合同条款的模糊度对我们反而是有利的，也可以先不提出，等到合同签署时，再做进一步的澄清、协商和修改，或者等待合同开始履行后，再以合同变更或者索赔的方式加以处理。

如果存在己方无法或不愿意承担的责任和义务的相关内容时，可以提出并经双方协商形成专用合同条款。专用合同条款与通用合同条款表达不一致时，以专用合同条款为准。

合同主要条款一般包括：当事人的姓名或者名称和住所、标的、数量、质量、价款或者报酬、履行期限、履行地点和方式、违约责任、解决争议的方法等。

5. 工程量清单和图纸

这两部分内容是工程项目所独有的，货物和服务的招标文件里的合同文件组成不包括这两部分。货物招标可能有区分品种、型号、规格的单项数量和各货物的配置清单。服务招标则是服务项目及各服务内容和服务边界的描述。

工程量清单和图纸的准确性由招标人负责。

6. 技术规格和要求

不管是工程、货物还是服务项目，招标时都需要明确提出项目各部分的技术要求。如何引导招标人的技术要求，是投标人的任务和机会。

7. 投标文件格式

招标文件如果给出投标文件格式，投标人就必须严格执行。虽然现在不符合招标文件格式上的要求一般不会导致废标，但是招标人和评标委员会可以对不符合招标文件格式要求的投标人做不利的评价。

（1）一般施工项目的投标函样式如下：投标函附录见表4-1，其他相关表格见表4-2～表4-7。

投标函

（招标人名称）：

1. 我方已仔细研究了____（项目名称）标段施工招标文件的全部内容，愿意以人民币（大写）____元（￥____）的投标总报价，工期____日历天，按合同约定实施和完成承包工程，修补工程中的任何缺陷，工程质量达到____。

2. 我方同意在自规定的开标日起____天的投标有效期内严格遵守本投标文件的各项承诺。在此期限届满之前，本投标文件始终对我方具有约束力，并随时接受中标。我方承诺在投标有效期内不修改、不撤销投标文件。

3. 随同本投标函提交投标保证金一份，金额为人民币（大写）____元（￥____）。

4. 如我方中标：

（1）我方承诺在收到中标通知书后，在中标通知书规定的期限内与你方签订合同。

（2）随同本投标函递交的投标函附录属于合同文件的组成部分。

（3）我方承诺按照招标文件规定向你方递交履约担保。

（4）我方承诺在合同约定的期限内完成并移交全部合同工程。

5. 我方在此声明，所递交的投标文件及有关资料内容完整、真实和准确，且不存在法律法规限制投标的任何情形。

6. ____（其他补充说明）。

投标人：_____（单位盖章）

法定代表人或其委托代理人：____（签字）

地址：_____

网址：_____

电话：_____

传真：_____

邮政编码：_____

_____年___月___日

投标函附录 表4-1

序号	条款名称	合同条款号	约定内容	备注
1	项目经理		姓名	
2	工期		___日历天	
3	缺陷责任期			
4	履约担保金额			
5	发出开工通知期限			
6	逾期竣工违约金			
7	逾期竣工违约金限额			
8	提前竣工的奖金			
9	提前竣工的奖金限额			
10	价格调整的差额计算		见价格指数权重表	
11	工程预付款			
12	材料、设备预付款			
13	进度付款证书最低限额			
14	进度付款支付期限			
15	逾期付款违约金			
16	质量保证金百分比			
17	最终付款支付期限			
18	保修期			

投标人：_____（盖单位章）
投标文件签署人签名：_____

拟投入本标段的主要施工设备表 表4-2

序号	设备名称	型号规格	数量	国别产地	制造年份	额定功率（kW）	生产能力	用于施工部位	备注

拟配备本标段的试验和检测仪器设备表　　　　　　　　　　表4-3

序号	仪器设备名称	型号规格	数量	国别产地	制造年份	已使用台时数	用途	备注

劳动力计划表　　　　　　　　　　表4-4

单位：人

工种	按工程施工阶段投入劳动力情况					

项目管理机构组成表　　　　　　　　　　表4-5

职务	姓名	职称	执业或职业资格证明					备注
			证书名称	级别	证号	专业	养老保险	

主要人员简历表　　　　　　　　　　表4-6

姓名		年龄		学历	
职称		职务		拟在本合同任职	
毕业学校	＿＿＿＿＿年毕业于＿＿＿＿学校＿＿＿＿专业				
主要工作经历					
时间	参加过的类似项目		担任职务	发包人及联系电话	

拟分包工程情况表　　　　　　　　　　　表4-7

分包人名称		地址	
法定代表人		电话	
营业执照号码		资质等级	
拟分包的工程项目	主要内容	预计造价（万元）	已经做过的类似工程

（2）一般货物项目的投标函样式如下：投标一览表见表4-8，分项报价表见表4-9。

投标函

致：（招标人名称）

根据贵方为（项目名称）项目招标采购货物及服务的投标邀请（招标项目编号），签字代表（姓名、职务）经正式授权并代表投标人（投标人名称、地址）提交下述文件正本一份及副本____份。

1. 投标一览表

2. 投标分项报价表

3. 货物说明一览表

4. 技术规格偏离表

5. 商务条款偏离表

6. 按招标文件投标人须知和技术规格要求提供的其他有关文件

7. 资格证明文件

8. 投标保证金金额为（金额数和币种）

在此，签字代表宣布同意如下：

1. 投标人提交和交付的货物（标包号名称）投标总价为（注明币种，并用文字和数字表示投标总价）。

2. 投标人将按招标文件的规定履行合同责任和义务。

3. 投标人已详细审查全部招标文件，包括 (补遗文件)（如果有）。我们完全理解并同意放弃对这方面有不明及误解的权利。

4. 本投标有效期为自投标截止日起 (有效期日数) 日历日。

5. 投标人同意投标人须知中（第____条）关于不退还投标保证金的规定。

6. 根据投标人须知的规定，我方承诺，与买方聘请的为此项目提供咨询服务的公司及任何附属机构均无关联，我方不是买方的附属机构。

7. 投标人同意提供贵方可能要求的与其投标有关的一切数据或资料。投标人完全理解贵方不一定接受最低价的投标或收到的任何投标。

8. 与本投标有关的一切正式信函请寄：

地址：____　传真：_____

电话：____　电子邮件：_____

投标人代表签字：_____

投标人名称：_____

公章：_____

日期：_____

货物投标一览表　　　　　　　　　　　　　表4-8

投标人名称：_____　　国别：_____　　招标编号：_____

序号	包号	货物名称	规格和型号	数量	制造商名称	投标货币	投标报价	投标保证金	交货期

投标人：_____（单位盖章）

投标人代表签名：_____

货物投标分项报价表　　　　　　　　　　　　　　表4-9

投标人名称：　　　　　招标编号：　　　　　　　　包号：

序号	名称	型号规格	数量	原产地和制造商名称	单价（注明装运地点）	总价	至最终目的地的运费和保险费
1	主机和标准附件						
2	备品备件						
3	专用工具						
4	安装、调试、检验						
5	培训						
6	技术服务						
7	其他						
	总计						

投标人代表签字：_____

（注：如果不提供详细分项报价，可视为没有实质性响应招标文件。）

（3）一般服务项目的投标函（以设计项目为例）样式如下：投标函附录见表4-10。

投标函

致：（招标人名称）

根据贵方____设计方案招标项目的招标公告，招标编号为____，我方针对该项目的投标报价为____（大写）元人民币，并正式授权下述签字人____（姓名和职务）代表投标人____（投标人名称），提交招标文件要求的全套投标文件，包括：

1. 投标商务文件、投标经济文件及投标技术文件（投标设计文件）；

2. 投标保证金金额为____元；

3. 其他资料。

据此函，签字人兹宣布同意如下：

1. 经视察项目现场，且我方已详细审核并确认全部招标文件，包括修改文件（如有）及有关附件。

2. 一旦我方中标，我方将组建项目设计组，保证按合同协议书中规定的设计周期____日历天内完成设计并提供相应的设计服务。

3. 如果招标文件中要求提供设计保险，我方将在签订合同后按照规定提交上述总价____%的设计保险作为我方的设计担保。如我方的设计出现招标文件规定不应出现的缺陷，招标人可以据此要求我方进行赔偿。

4. 我方同意所提交的投标文件，包括本投标函，在____日内有效，在此期间内如果中标，我方将受此约束。

5. 除非另外达成协议并生效，你方的中标通知书和本投标文件将成为约束双方的合同文件的组成部分。

6. 我方声明：本投标人和本方案的设计师是本投标方案的真正作者。

7. 我们在此保证，本投标文件的所有内容均属独立完成，未经与其他投标人以限制本项目的竞争为目的进行协商、合作或达成谅解后完成。

8. 我方理解，贵方并无义务接受价格最低的投标报价，同时对中标结果不需要做出任何解释。

9. 其他补充说明____。

本投标有关的一切正式往来通信请寄：

地址：_____　　　　邮编：_____

电话：_____　　　　传真：_____

法定代表人：_____（如投标人为联合体投标人：联合体各成员共同盖章）

授权代表：_____（印刷体姓名并签字）

日期：_____年___月___日

服务投标函附录　　　　　　　　　　　　　　表4-10

序号	条款名称	合同条款号	约定内容	备注
1	项目负责人			
2	投入服务人员数量		____人	
3	允许人员更换比例		____%	
4	赔偿限额		服务费总价____%	
5	服务期		____个月	
6	服务费支付期限		中期支付期限为____日，最终支付期限为____日	
7	动员预付费		合同价格的____%	
8	履约保证金		服务费的____%	
9	最低支付限额		____元	

4.1.2 招标文件的实质性要求

1. 哪些是招标文件的实质性要求

招标文件中有一个重要的概念对投标人有"致命"的杀伤力——实质性要求。对招标文件的实质性要求不响应就废标。而对招标文件的非实质性要求不响应并不会导致废标，但可能被扣分（按招标文件或评标办法）。那么到底什么是招标文件的实质性要求呢？

招标文件的实质性要求主要是指：项目的技术要求和技术标准、投标人资格要求、投标报价要求、评标标准、标段/标包的划分、期限（工期、交货期、服务时间）和拟签订合同的主要条款（标的、数量、质量、履约方式、违约责任等）。

招标文件的实质性要求一般还包括：

（1）投标保证金的数额、提交方式和投标保证金的有效期；

（2）投标有效期和出现特殊情况的处理办法；

（3）各项技术规格（如安全、质量、环境保护和能耗等），是否符合国家强制性标准与规定；

（4）对采用清单招标的，应当明确规定提供清单及相应要求；

（5）是否要求提交备选方案及备选方案的评审办法；

（6）是否允许对非主体、非关键工作或货物进行分包及相应要求；

（7）是否接受联合体投标及相应要求；

（8）是否允许价格调整及调整方法；

（9）履约保证金的数额和担保形式；

（10）不得要求或标明特定的生产供应者以及含有倾向或者排斥潜在投标人的内容，若必须引用某一供应者的技术规格才能准确或清楚说明拟招标货物的技术规格时，必须明确其处理方法；

（11）对投标文件的签署及密封要求；

（12）其他必须明确标明的实质性要求和条件。

上述所有招标文件的实质性要求，招标人都必须在招标文件里有标注，最好还有提示。

标注方法可以加"*"或加"下划线"或用粗字体表示。提示一般这样写"凡星号（如果标注是'*'号）要求均为实质性要求，不响应将导致废标（否决投标或投标无效）"。

如果招标文件对上述实质性要求既没有标注，也没有提示，我们投标人是不是就可以不响应呢？答案是不一定。即使招标文件对于上述实质性要求未做标注和提示，上述约定俗成的招标文件的实质性要求仍然会在法庭上被大多数的法官认定为一种行业交易的惯例而获得支持。也就是上述招标文件的实质性要求不管招标人有没有标注、有没有提示，我们都要一概响应，否则大概率将面临被废标的结果。

2. 投标人资格要求

如果国家在某个领域存在某些资质或资格上的要求，哪怕招标文件对此没有描述、没有明确提出，它也是招标文件的实质性要求，投标人必须进行响应和满足。

对于工程、货物和服务项目具体有哪些资质或资格要求，可以参见本书的姊妹书《夺标·合规高效的招标管理》第3章的详细描述。

3. 投标保证金和履约保证金

招标投标是一场控制与反控制的游戏。招标人靠什么控制投标人呢？那就是经济利益！这两个保证金都是招标人用来约束、控制投标人行为的手段。投标保证金是让投标人保证按照招标人事先公布的招标程序、游戏规则来参与本次招标活动。如果投标人违背了游戏规则，招标人就有权没收投标人的投标保证金。法定的没收投标保证金情形有三种：截标之后在投标文件有效期内投标人表示撤销投标文件的；中标通知书发出后中标人拒绝签订合同的；签订合同后不按招标文件约定提交履约保证金的。其实招标人还可以在招标文件里面约定很多没收投标保证金的情形，只要这些约定没有违法违规，一旦投标人出现这些情形，招标人都是可以据此没收投标人的投标保证金的。比如招标文件里面约定，投标人串通投标或者弄虚作假将被没收投标保证金，一旦投标人出现这些违法行为，招标人就可以没收投标人的投标保证金。如果招标文件里面没有这样的表述，招标人以投标人的这些违法行为为由没收投标人的投标保证金，反而是没有依据的。履约保证金则是约束中标人按照合同约定严格履约，否则没收履约保证金，不足以补偿招标人的损失部分，招标人还可以继续向中标人追偿。

《招标投标法实施条例》第二十六条　招标人在招标文件中要求投标人提交

投标保证金的，投标保证金不得超过招标项目估算价的2%。投标保证金有效期应当与投标有效期一致。

依法必须进行招标的项目的境内投标单位，以现金或者支票形式提交的投标保证金应当从其基本账户转出。

招标人不得挪用投标保证金。

《工程项目招投标领域营商环境专项整治工作方案》15.限定投标保证金、履约保证金只能以现金形式提交，或者不按规定或者合同约定返还保证金。

《政府采购法实施条例》第三十三条　招标文件要求投标人提交投标保证金的，投标保证金不得超过采购项目预算金额的2%。投标保证金应当以支票、汇票、本票或者金融机构、担保机构出具的保函等非现金形式提交。投标人未按照招标文件要求提交投标保证金的，投标无效。

采购人或者采购代理机构应当自中标通知书发出之日起5个工作日内退还未中标供应商的投标保证金，自政府采购合同签订之日起5个工作日内退还中标供应商的投标保证金。

竞争性谈判或者询价采购中要求参加谈判或者询价的供应商提交保证金的，参照前两款的规定执行。

投标保函样例如下：

投标保函

致：××有限责任公司（以下简称"你方"）

鉴于××电力（中国）有限公司（以下简称"被保证人"）参加你方招标的××公司集中规模招标采购××年第二批项目应急电源车＿＿＿＿＿的投标（招标合同编号：××××），中国银行股份有限公司××省分行（以下简称"我行"）已接受被保证人的申请，向你方提供保证总金额为人民币（￥××××元整）的担保函。我行在此无条件地、不可撤销地保证并约束我行及其继承人和受让人，在本保函有效期内，如被保证人有下列任何一种违反招标文件规定的事实，我行保证在收到你方的书面通知后7个银行工作日内，无条件地向你方全额支付不超过本保函担保金额的保证金。

1. 在招标文件规定的投标文件有效期内擅自修改或撤回其投标文件。

2. 不接受你方根据招标文件对其投标价格的改正。

3. 中标后，未能（或拒绝）在中标通知书规定的时限内提交招标文件规定的履约保函，或未能（或拒绝）在中标通知书规定的时限内按招标文件的要求签订合同。

4.违反本招标文件关于招标纪律的有关规定。

5.提供虚假的证明文件欺骗你方。

本保函自签发之日起生效,直至投标文件有效期满后止。如果你方和投标人一致书面同意延长投标文件有效期的,则本保函有效期相应延长,但需在本保函有效期内书面通知我行。

你方就被保证人违反招标文件规定的事实应在本保函有效期内以书面方式提出,并由你方法定代表人或委托代理人签字并加盖单位公章。

本保函最晚不迟于××年××月××日失效。保函失效后请将本保函正本退回我行注销。

保　证　人：中国银行股份有限公司××省分行

委托代理人：

日　　　期：

4.投标有效期和投标保证金有效期

投标有效期是指投标文件的有效期。投标有效期需要按照招标文件的要求来承诺。尽量不要超出投标有效期签署合同。如果不是因为投标人的原因导致合同签署时间超出投标有效期的,投标人可以拒签合同,也可以主张投标文件里的部分承诺无效。

投标保证金有效期一般应等于或长于投标有效期。

5.偏离

偏离也称为偏差,是指投标不满足招标文件非实质性要求的情形。招标人根据项目具体特点规定允许投标偏离的项数和允许偏离的幅度与范围。比如偏离项目的项数不能超过3项,或偏离的总金额不能超过合同金额的15%等。

6.调价方法

招标文件通常在专用合同条款里面约定各种情况下的调价方法。

(1)工程项目因变更引起价格调整的一般原则有:

1)已标价工程量清单中有适用于变更工作的子目的,采用该子目的单价;

2)已标价工程量清单中无适用于变更工作的子目,但有类似子目的,可在合理范围内参照类似子目的单价,由总监理工程师与合同双方共同商定或确定变更工作的单价;

3)已标价工程量清单中无适用或类似子目的单价,可按照成本加利润的原则，由总监理工程师与合同双方共同商定或确定变更工作的单价。

针对第三种情形，专用合同条款里面还应该根据项目的具体情况和特点，特别是对已标价工程量清单中无适用于变更工作的子目的情况，约定变更的估价原则。例如，可采用由承包人或发包人提出适当的变更价格进行商议，或者综合考虑在承包人投标时提供的单价分析表的基础上确定价格等；如果取消某项工作，则该项工作的价款不予支付；如果变更指示是因承包人过错、承包人违反合同或承包人责任造成的，承包人应承担这种违约引起的任何额外费用等。

（2）物价波动引起的价格调整一般有两种价格调整方式。一种是采用价格指数调整价格差额，另一种是采用造价信息调整价格差额。各地政府也在不断建立和完善各种造价数据库、造价指标指数和市场价格信息。价格指数可优先采用国家或省、自治区、直辖市价格部门和统计部门提供的价格指数。前者可以由招标人在招标文件投标函附录的价格指数和权重表（表4-11）中约定所采用的价格调整指数，以及各调价因子的权重和调整范围。

价格指数和权重表　　　　　　　　　　　表4-11

名称		基本价格指数		权重			价格指数来源
		代号	指数值	代号	允许范围	投标人建议值	
定值部分				A			
变值部分	人工费	F_{01}		B_1	___至___		
	钢材	F_{02}		B_2	___至___		
	水泥	F_{03}		B_3	___至___		
	…	…		…	…		
合计						1.00	

投标人在投标时在此范围内填写自己承诺的各调价因子的权重，合同实施期间即按此权重进行调价，具体调整方法见式（4-1）。后者则是由招标人在招标文件的专用合同条款中提出详细的调价公式、材料价格信息来源、调价周期、需要进行价格调整的材料种类等。

$$\Delta P = P_0 \left[A + \left(B_1 \times \frac{F_{t1}}{F_{01}} + B_2 \times \frac{F_{t2}}{F_{02}} + B_3 \times \frac{F_{t3}}{F_{03}} + \cdots + B_n \times \frac{F_{tn}}{F_{0n}} \right) - 1 \right] \quad (4-1)$$

式中，ΔP——需调整的价格差额；

P_0——通用条款中约定的承包人应得到的已完成工程量的金额；此项金额应不包括价格调整、不计质量保证金的扣留和支付、预付款的支付与扣回、约定的合同变更及其他金额已按现行价格计价部分；

A——定值权重（即不调部分的权重）；

B_1，B_2，$B_3 \cdots B_n$——各可调因子的变值权重（即可调部分的权重）为各可调因子在投标函投标总报价中所占的比例；

F_{t1}，F_{t2}，$F_{t3} \cdots F_{tn}$——各可调因子的现行价格指数，指按招标文件约定的付款证书相关周期最后一天的前42天的各可调因子的价格指数；

F_{01}，F_{02}，$F_{03} \cdots F_{0n}$——各可调因子的基本价格指数，指基准日期（可以是截标日期或评标结束日期）的各可调因子的价格指数。

7. 备选方案

招标文件应明确是否允许提交备选方案。如果招标文件允许提交备选标或者备选方案，投标人除编制、提交满足招标文件要求的投标方案外，还应另行编制提交的备选投标方案或者备选标。通过备选方案，可以充分调动投标人的竞争潜力，使项目的实施方案更具科学性、合理性和可操作性，并克服招标人在编制招标文件乃至在项目策划或者设计阶段的经验不足和考虑欠妥。被选用的备选方案一般能够既使招标人得益，也能够使投标人得益。但只有排名第一的中标候选人的备选投标方案才能予以评审，并考虑是否接受。

8. 分包与转包

由招标人根据项目具体特点来判断是否允许分包。如果允许分包，可进一步明确允许分包的内容和要求，以及分包项目金额（或比例）和分包人的资格条件等方面的限制。这样有利于投标人在编制投标方案时合理安排。投标人根据自身的实际情况，对招标文件中可以分包的内容作出是否分包的决定。

中标人将中标项目的主体部分或者关键性工作转让给他人的行为属于转包，是一种违法行为。

《招标投标法》第三十条　投标人根据招标文件载明的项目实际情况，拟在中标后将中标项目的部分非主体、非关键性工作进行分包的，应当在投标文件中载明。

《招标投标法实施条例》第五十九条　中标人应当按照合同约定履行义务，完成中标项目。中标人不得向他人转让中标项目，也不得将中标项目肢解后分别向他人转让。中标人按照合同约定或者经招标人同意，可以将中标项目的部分非主体、非关键性工作分包给他人完成。接受分包的人应当具备相应的资格条件，并不得再次分包。中标人应当就分包项目向招标人负责，接受分包的人就分包项目承担连带责任。

9. 联合体

联合体各方均应当具备承担招标项目的相应能力。由同一专业的单位组成的联合体，按照资质等级较低的单位确定资质等级。联合体各方应当签订共同投标协议，明确约定各方拟承担的工作和责任，并将共同投标协议连同投标文件一并提交给招标人。比如5家单位组成联合体投标，它们在联合体共同投标协议里面约定，其中2家负责设计任务，另外3家负责施工任务，那么这2家承担设计任务的成员单位中设计资质最低的那一家的设计资质即为这个联合体的设计资质；而这3家承担施工任务的成员单位中施工资质最低的那一家的施工资质即为这个联合体的施工资质。不是把这5家全部放在一起来确定资质，而是确保在每个分工方向上满足资质要求即可。

联合体中标的，联合体各方应当共同与招标人签订合同，就中标项目向招标人承担连带责任。

联合体协议书一般包括下列内容：

（1）联合体成员的数量。联合体协议书中首先必须明确联合体成员的数量。其数量必须符合招标文件的规定，否则将视为不响应招标文件规定，而作为废标。

（2）牵头人和成员单位名称。联合体协议书中应明确联合体牵头人，并规定牵头人的职责、权利和义务。

（3）联合体协议中牵头人的职责、权利和义务一般有如下约定：

1）编制本项目投标文件；

2）接收与本项目投标有关的资料、信息及指示，并处理与之有关的一切事务；

3）递交投标文件，进行合同谈判；

4）负责履行合同阶段的主办、组织和协调工作。

（4）联合体内部分工。联合体协议书的一项重要内容是明确联合体各成员的职责分工和专业范围，以便招标人对联合体各成员专业资质、业绩进行审查，并防止中标后联合体成员产生纠纷。

（5）签署。联合体协议书应按招标文件规定进行签署和盖章。

联合体协议书样例如下。

联合体协议书

____（所有成员单位名称）自愿组成____（联合体名称）联合体，共同参加____（项目名称）____标段施工投标。现就联合体投标事宜订立如下协议。

1. ____（某成员单位名称）为____（联合体名称）牵头人。

2. 联合体牵头人合法代表联合体各成员负责本招标项目投标文件编制和合同谈判活动，并代表联合体提交和接收相关的资料、信息及指示，并处理与之有关的一切事务，负责合同实施阶段的主办、组织和协调工作。

3. 联合体将严格按照招标文件的各项要求，递交投标文件，履行合同，并对外承担连带责任。

4. 联合体各成员单位内部的职责分工如下：____

5. 本协议书自签署之日起生效，合同履行完毕后自动失效。

6. 本协议书一式____份，联合体成员和招标人各执____份。

注：本协议书由委托代理人签字的，应附法定代表人签字的授权委托书。

牵头人名称：_____（盖单位章）
法定代表人或其委托代理人：____（签字）
成员一名称：_____（盖单位章）
法定代表人或其委托代理人：____（签字）
成员二名称：_____（盖单位章）
法定代表人或其委托代理人：____（签字）
_____年____月____日

10. 工程量清单

工程量清单是工程建设项目所独有的，是依据国家或行业有关工程量清单的计价规范标准和招标文件中有约束力的设计图纸、技术标准、合同条款中约定的工程计量和计价规则计算编制的，反映拟建工程分部分项工程、措施项目、规费项目、税金项目和其他项目的名称、规格及相应数量的明细清单。工程量清单按照国家和行业统一的工程建设项目划分标准、项目名称、项目编码、工程量计算规则、计量单位及其格式要求计算、编制列表。它是工程计价的基础,是编制最高投标限价(招标控制价)、投标报价、计算工程量、支付工程款、核定与调整合同价款、办理竣工结算以及工程索赔等的依据之一。

各行业的招标文件示范文本或《建设工程工程量清单计价规范》对工程量清单内容和格式均有不同规定。表4-12~表4-14是工程量清单表格的样例。

工程量清单表 表4-12

_____(项目名称)_____标段

序号	项目编码	项目名称	项目特征描述	计量单位	工程量	综合单价(元)	合价(元)	其中:暂估价(元)
本页报价小计:								
合计报价:								

工程量清单单价分析表 表4-13

单位:元

序号	编码	子目名称	人工费			材料费						机械使用费	其他	管理费	利润	单价
			工日	单价	金额	主材				辅材费	金额					
						主材耗量	单价	单价	主材费							

单位工程投标报价汇总表　　　　　　　　　　　　　　　表4-14

工程名称：　　　　　　　　　　　　　　　标段：

汇总内容	金额（元）	其中：暂估价（元）
1. 分部分项工程建设项目		
1.1……		
1.2……		
1.3……		
2. 措施项目		
2.1……		
2.2……		
3. 其他项目		
3.1 专业工程暂估价		
3.2 暂列金额		
3.3 计日工		
3.4 总承包服务费		
4. 规费		
5. 税金		
单位工程投标报价：1+2+3+4+5		

注：本表适用于单位工程投标报价汇总。

工程量清单报价最终既可以签署总价合同，也可以签署单价合同。采用单价合同形式的工程量清单里的工程量是暂估的，工程款结算时按照实际计量的工程量进行调整。

11. 技术标准与要求

技术标准与要求也是构成合同文件的重要组成部分。技术标准的内容主要包括各项工艺指标、施工要求、材料检验标准，以及各货物、服务或分部分项工程成型后的检验手段和验收标准等。同样的一项技术指标，适用的国家标准和行业标准可能不止一个。有些项目如果没有现成的标准可以引用，有必要将其作为专门的课题来研究。招标文件的技术标准和要求在很多项目里面是在投标人的帮助下形成的，这也是招标投标活动的特点之一，毕竟招标人在所采购的项目领域永远不如投标人专业，需要投标人的帮助。

12. 指定品牌采购与指定档次采购

指定分包有时候不可避免，它也是国际通行的做法。在国内投标遇到工程项目的招标人指定分包商的时候，需要注意一些规避法律风险的操作技巧，并留意相关法规的新变化。具体操作方法见本书1.3.2小节的相关内容。

货物或服务采购时，不能直接指定品牌或供应商采购。如果实在需要指定品牌或供应商采购，要么依法依规申请单一来源采购，要么依法依规合理设置一些倾向性的条件。

投标人当然希望自己是被指定的那一家，但是也需要和招标人一起，注意做事的法律边界。

投标人有责任和义务指导、帮助招标人采购到指定档次的工程、货物和服务。现行法规不排斥我们这样做。

题外话：招标人是如何做到指定档次采购的？

招标人在采购瓶装水的时候，是不太可能知道怎样的水是一瓶好的水，怎样的水又是不好的水？这样直接去招标采购，有两种可能性，一种可能性是带着自己的倾向性去购买，印象中哪个牌子的水比较好可能就买哪个牌子；另一种可能性就是买了不太好的水，因为不太好的水往往便宜，而便宜更容易中标。同样的，采购人在购买服装的时候，也不太可能知道这种服装到底是1cm 5个针脚的好一些，还是1cm 7个针脚的好一些？

招标人的正确做法应该是怎样的呢？下面以瓶装水的采购为例。

首先我们到市场上调研市场供应状况，有多少个品牌，领袖品牌是哪几个，主流技术品类（天然水、过滤水等）又是什么。然后需要自己想好要购买哪种类型、什么档次的水，比如你想买农夫山泉这种类型的这个档次的水。

农夫山泉这个档次的水品牌可能有10个。招标人先把农夫山泉邀请过来做技术交流，通过农夫山泉的帮助形成这次采购瓶装水的初步技术规格和要求。然后把这个档次剩下的8～9家瓶装水品牌邀请过来继续做技术交流，有2家甚至3家指出的不当设置条件都是农夫山泉独有的技术参数和特征值。把这些农夫山泉独有的技术参数和特征值全部删除，留下的就是招标人所想指定档次采购的瓶装水所特有的技术规格和要求。招标人把这些技术规格和要求写进招标文件，就能确保购买到自己想要的档次的瓶装水。农夫山泉在帮助招标人写第一稿的技术参数和特征值的时候就已经想办法把低档次的瓶装水品牌去除了，因为农夫山泉知道低档次品牌的瓶装水的价格会比自己低很多，必须用技术门槛把这些低档次品牌拦在外面。而招标人又利用和农夫山泉同档次的瓶装水品牌把农夫山泉独有的优势给去除了，避免变成指定品牌（农夫山泉）采购。

那投标人面对这样的实际情况又应该怎么做呢？

我们还是要力争帮助招标人去写第一稿的技术规格和要求，这样总有一些技术优势的设置是我们的同行无法攻击、无法抹掉的。再说招标人如果对我们有足够的信心，他也不会那么费力、那么认真地去找别人来抹去我们独有的技术优势。这样我们的中标概率就大大提升了。

13. 履约保证金的数额和担保形式

招标文件可以约定中标人在签订合同前后向招标人提交履约保证金，并明确提交履约保证金的时间、金额、形式、退还方式等细节。法律规定履约保证金的金额不得超过合同金额的10%。

14. 签署与密封

招标文件应规定投标文件的编排、印刷和装订的样式、正副本的数量等具体要求。同时应要求投标人将投标文件密封提交，避免其投标信息提前泄露。如果投标人没有按照规定密封其投标文件，招标人会拒绝接收投标文件，并要求投标人按照招标文件要求重新密封后在截止时间前递交。

中标通知书对招标人和中标人都具有法律效力。中标通知书是合同的组成部分。中标通知书发出后，招标人和中标人要在30日内按照招标文件和投标文件的内容签订合同。任何一方拒绝签订合同，都将依法承担相应法律责任。

《招标投标法实施条例》第七十三条 依法必须进行招标的项目的招标人有下列情形之一的，由有关行政监督部门责令改正，可以处中标项目金额10‰以下的罚款；给他人造成损失的，依法承担赔偿责任；对单位直接负责的主管人员和其他直接责任人员依法给予处分：

（一）无正当理由不发出中标通知书；

（二）不按照规定确定中标人；

（三）中标通知书发出后无正当理由改变中标结果；

（四）**无正当理由不与中标人订立合同；**

（五）在订立合同时向中标人提出附加条件。

第七十四条 中标人无正当理由不与招标人订立合同，在签订合同时向招标人提出附加条件，或者不按照招标文件要求提交履约保证金的，取消其中标资格，投标保证金不予退还。对依法必须进行招标的项目的中标人，由有关行政监督部门责令改正，可以处中标项目金额10‰以下的罚款。

4.1.3　招标文件中可能涉及的其他招标投标基本概念（图 4-2）

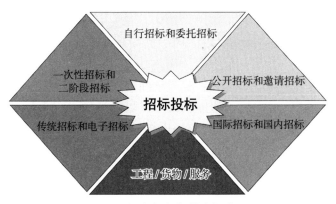

图4-2　招标投标基本概念

1. 自行招标和委托招标

自行招标就是招标人自己组织招标工作，委托招标就是招标人委托其他人来做招标的组织工作。这个其他人可以是招标代理机构，可以是公共资源交易中心，也可以是其他任何第三方。

国有企业对于依法必须招标项目倾向于委托招标代理机构招标，希望借助招标代理机构对于招标采购的专业性和对招标投标相关法律法规的熟悉完成招标。依法必须招标项目必须纳入公共资源交易平台管理体系，但有些地方政府及其相关部门会将公共资源交易平台和公共资源交易中心画等号，也就是变相地强制依法必须招标项目都必须委托给公共资源交易中心代理招标。

其实《招标投标法》说的是，是自行招标还是委托招标由招标人决定，但实际工作中各行业主管部门和地方政府往往出台各种规定，让招标人无法自行招标。

2. 公开招标和邀请招标

公开招标就是公开发布招标信息，所有潜在投标人都可以参与项目投标；邀请招标就是向特定的潜在投标人发出投标邀请函，收到此邀请函的潜在投标人才有资格参与本项目投标。

作为投标人，当然会想办法说服招标人采取邀请招标方式，这样可以提高我们的中标概率。当然这样做的前提是，依法合规地选择邀请招标方式。

3. 国际招标和国内招标

国际招标就是在世界范围发布招标信息，全世界潜在投标人都可以参与项目投标；国内招标就是在国内媒体上发布招标信息，也是全世界潜在投标人都可以参与项目投标。

4. 工程/货物/服务

招标采购的对象分为工程、货物和服务。工程招标项目、货物招标项目、服务招标项目，这三类不同的招标采购，行政监督管理部门不一样、公开招标数额标准不一样、允许签订的项目合同期限不一样、增值税税率不一样，这些都是需要我们注意的。

5. 传统招标和电子招标

传统招标就是纸质招标，信息的传递媒介是纸张，签字手写，盖章都是使用规范的印章。电子招标就是信息都是通过互联网传递，招标过程也全部在互联网上组织进行，签字盖章都是电子签名、电子印章。

6. 一次性招标和二阶段招标

一次性招标就是我们平时采用的最多的招标方式，招标流程中各环节都是一次通过。二阶段招标是招标人在开始招标时对项目的了解不够深入，所以第一阶段先招方案，由各投标人按照自己的理解提出项目的解决方案，招标人在各家方案的基础上整合出一份正式的招标方案；第二阶段再由各投标人按照统一的招标方案进行响应、报出价格。

《招标投标法实施条例》第三十条　对技术复杂或者无法精确拟定技术规格的项目，招标人可以分两阶段进行招标。

第一阶段，投标人按照招标公告或者投标邀请书的要求提交不带报价的技术建议，招标人根据投标人提交的技术建议确定技术标准和要求，编制招标文件。

第二阶段，招标人向在第一阶段提交技术建议的投标人提供招标文件，投标人按照招标文件的要求提交包括最终技术方案和投标报价的投标文件。

招标人要求投标人提交投标保证金的，应当在第二阶段提出。

4.2 投标文件的编制方法

4.2.1 编制投标文件的基本要求

1. 编制投标文件必须严格执行招标文件的所有要求和规则

招标文件里面的所有要求，一经招标人提出，就必须严格照办。毕竟招标人在招标文件里面有言在先，投标人有完全的自由选择参与还是不参与本项目投标的权利。既然选择参与，就算是双方达成了约定。只要这个约定本身不违法，出现任何问题都是优先按照事先的约定处理。特别是招标文件里面的星号条款必须响应。

2. 投标文件要符合招标文件中规定的格式与内容

虽然大多数的法律规定对于投标人不按照招标人规定的格式来填写投标文件是否要废标，并没有明确的规定，而且现在的整体趋势也不赞成以投标文件没按照招标文件规定的格式填写来废标。但是，如果出现投标文件没按照招标文件规定的格式来填写的情况，评标委员会一定会多扣你几分或做其他对你不利的评价。毕竟投标人的投标文件不按招标文件规定的格式填写，全部按照自己的格式填写会给评标工作带来极大的困扰，全部都是混乱的表格、混乱的顺序，评标委员会想找两份投标文件的同一个参数进行比较，都会变得很困难。

3. 严格按照招标文件规定编写投标文件后，如未能全面准确表达自己的意思，投标人可另附补充说明

但是这种补充说明千万不要画蛇添足。比如我们母公司有一个非常良好的业绩正好符合这个项目的需求，我们舍不得放弃这个展示的机会，把它附在我们的投标文件里，而这有可能导致废标。毕竟两个独立法人之间、母子公司之间不可以互用业绩和资质。

4. 投标人对于招标文件有不明白的地方，应向招标代理机构或招标人及时咨询要求澄清

投标人不可以在投标文件中增加额外条件，提出自己的要求。比如，招标文件要求付款进度是按照进场支付30%、中期支付50%、完工后支付20%来安排进度款，那就不能在投标文件里面把付款进度调整为进场支付40%、中期支付

50%、完工后支付10%。如果想调整招标文件里的付款进度安排，应该在拿到招标文件之后、截止投标之前，及时向招标人提出澄清要求。如果招标人在澄清回复中明确表示，可以调整付款进度，那么投标人才可以在投标文件中调整相应付款进度为进场支付40%、中期支付50%、完工后支付10%。

5. 投标人需要对投标文件进行反复审核，以消除误差

投标文件的编制，最担心的是被废标。而绝大多数的废标都是因为细节出现差错。真正因为投标文件对于招标文件的实质性不响应而导致的废标很少，这种情况基本上出现在因为参与式投标而粗制滥造的投标文件中。

投标文件尽量制作得精美，但不要华丽。整洁美观并方便评标委员会评标最重要。我们看到过这样的投标文件，封面是天鹅绒质的，投标文件中所有人的身份证复印件都是彩色胶片质量的，可是细看投标文件，不同文件组成部分字体不一致、字号不一致，甚至明明可以排版到一张纸上的表格，都要让它跨行断页。这是最典型的令人生厌的投标文件编制方法——显摆你有钱，但却对这个项目一点都不用心。现在计算机软件的功能这么发达，投标人完全可以很方便地把投标文件制作得整洁美观、流畅易读。

有时候"请旁人帮忙看一眼"是一种好的操作方式。因为项目投标团队成员在一个项目里面待久了之后，身在庐山之中反而不识庐山真面目，容易形成固定思维、惯性思维，请其他人帮忙看一眼，就能够很容易发现其中存在的一些错误。这个旁人当然不是外单位的人，而是我们单位比较资深的但不属于本项目投标团队的人员。

6. 投标文件的编制要尽量多地采用单位的投标文件模板

投标单位应该把自己单位的单位介绍、资质案例、社会保险缴纳证明、纳税单据、财务状况、设备规格、服务方案等尽可能地标准化、模块化。投标团队在编制投标文件的时候，就可以随时调用这些模块化的文件组成部分。有时候投标任务来得很紧急，或者投标任务繁多的时候，模块化的投标文件编制方法可以帮助我们快速编制投标文件，还能够减少出错的概率。

4.2.2 严格执行招标文件所有要求和规则

1. 目录

严格遵守招标文件里面规定的内容顺序排放我们的投标文件内容。

2. 格式

字体字号方面尽量统一：一般正文采用小四号宋体、节标题采用小三号黑体、章标题采用三号黑体，表格里的文字尽量采用小四号字体，有时候为了表格不跨页或者其他对于表格美观的要求缩减字号，也至少是五号字体，绝对不能小于五号字体。

行间距最好是1.5倍，至少单倍行距，绝对不要再压缩行距。

投标文件内容的编号要确保连续统一，可删可空不能断。比如，招标文件的第1.1条我们有响应内容，第1.2条没有响应内容，第1.3条又有了响应内容，那么编制投标文件的时候应该这样制作编号：投标文件第1.1条对应招标文件的第1.1条，投标文件的第1.2条对应招标文件的第1.3条，招标文件的第1.2条因为没有响应的内容，所以就把这一条的内容从投标文件里删除了。也可以这样编号，投标文件的第1.1条对应招标文件的第1.1条，投标文件的第1.2条没有响应内容，就把第1.2条的编号写上但内容为空，投标文件的第1.3条再对应招标文件的第1.3条。如果投标文件的编号中断，从第1.1条直接跳到第1.3条，就会导致评标委员会很难找到第1.2条的对应内容。前面说过，你给评标委员会造成困扰，评标委员会在主观评分项里就会对你做不利的评价。

3. 封面

封面上正本、副本要标记清晰。正本和副本的数量也要按照招标文件的要求提供，可以多给，不能少给。比如招标文件要求投标人提交投标文件是一正四副，如果你给的是一正五副，那没问题；如果你给的是一正三副，那么就会被废标。封面尽量用软的材质制作，不要用硬的材质做封面，这样做的目的主要是方便评标委员会翻阅你的投标文件。

封面上的文字严格按照招标文件的要求填写，一般包括项目编号、项目名称、投标人名称、招标人或代理机构名称、日期等。封面上的文字不要未经招标人允许随意增加内容。

严格按照招标文件的要求对招标文件及其包袋进行封装。

招标文件要求投标文件线装订就文件线装订；要求钢夹装订就钢夹装订；要求钢钉装订就钢钉装订。不管采用什么方式进行装订，封面封底处都不要露出明装针线。如果招标文件没有对投标文件的装订方法提出具体要求，投标人就可以按照不可拆卸的方式进行装订，一般是指胶装。

4. 签字盖章

招标文件要求投标人在投标文件盖章的地方，投标人盖章显示的单位名称要和投标文件中的投标人名称保持一致。以公司名义投标，不能盖分公司印章。同样，以分公司名义投标，不能盖公司印章。

招标文件要求盖公章的地方，必须盖公章，即带有五角星的印章。其他不带五角星的印章都不能称之为公章。公章可以印制多枚，刻上编号，以应付多项目、多地点投标的需要。需要启用其他非公安局强制备案的印章，比如投标专用章、骑缝章等，需要附纸说明该印章的用途和权限，并在此说明中盖上单位公章和本章样式。

招标文件要求签字的地方，严格按照招标文件要求进行：需要法定代表人签字的由法定代表人签字；要求由授权代表签字的就由授权代表签字。不能简单地以法定代表人的人名章代替其本人的亲笔签字，如果事出有因，比如人在国外无法签字，应该事先向招标人要求澄清，如果招标人答复允许以其法定代表人的人名章代替其本人签字的，可以在要求法定代表人签字的地方盖上该法定代表人的人名章。如果来不及要求招标人澄清的，也可以在招标文件里附纸说明，解释为什么法定代表人无法亲笔签字，并在该说明上写上法定代表人的名字，盖上该法定代表人的人名章。

如果招标文件要求对投标文件逐页小签，在招标人没有表达是签姓还是签姓的首字母（国外都是签姓的首字母）的情况下，投标人应该签署全名。

现在流行逐页盖章，那就按照招标文件要求逐页盖章。现在大多数招标已经电子化，那么逐页盖章也就成为一串软件命令，给予命令就会自动生成、逐页盖章，也就没有那么大的工作量了。电子签名、电子印章其实就是一串加密的软件命令。

有的招标文件要求签章，这是一种很不规范的叫法。如果你遇到了，只好既签字又盖章。如果招标文件要求签字和盖章，那也是要既签字又盖章。如果招标文件要求签字或盖章，那就可以只签字或者只盖章。一般一份投标文件只要有法定代表人签字，或只要有投标单位公章，二者有其一，这份投标文件的法律效力就已经具备。但是投标环境复杂，招标人水平参差不齐，以免被误伤，还是应该严格按照招标文件的要求进行签字盖章为好。

5. 副本

除非招标文件有其他明确要求，投标人可以把投标文件正本盖完章、签好字后进行复印形成我们的投标文件副本。为保险起见，我们在投标文件副本的封面上盖个鲜章（用印泥盖出来的红色，而不是复印出来的黑色）。

6. 单双面

如果招标文件没有具体要求，投标文件的打印采用单面打印。因为市场存在两种不同的评标委员会：有一些评标委员会不喜欢看厚的投标文件，只要完全响应了招标文件要求，把投标人的意图表达清楚，投标文件越简洁越好；而一些非专业的招标人代表，喜欢看厚的投标文件，他们觉得厚的投标文件显示投标人更用心也更专业，那么厚的投标文件就可以很好地同时满足这两种评标委员会的需求——看起来很厚，但实际内容没那么繁多。

而且单面打印的投标文件，签字盖章更省力，还方便扫描、复印。

4.2.3 目录的编制

招标文件中的评分项最好能在投标文件的目录中一眼看见，最起码也要方便找到。

目录的标号最好按照下面的方法编排（从上往下，目录级次降低）：

一、看招标文件中的格式要求里面一级目录编号

（一）可有可无

1.

1.1　　（1）①

1.1.1

确保大写在上一级目录，小写在下一级目录。或者干脆不用大写，全部采用小写编号。

4.2.4 符合性审查

1. 完整性

招标文件要求提交的资料，投标人要确保在投标文件里面已全部提交，包括投标函、法人代表授权书、营业执照、投标人中小企业声明、经评审的财务报告、纳税单、社会保险缴费单、信用证明、开标一览表、报价明细表、技术偏离表、商务偏离表、制造商授权函、售后服务承诺等。这些招标文件所要求

提交的资料，没机会事后补交，评标委员会评标时也仅仅是依据投标文件来进行评标，不会依据后期所补交的资料评标。投标文件提交招标文件所要求的资料时，要提供准确，不要所给非所需，也不要不给。

中小企业声明函样例如下。

中小企业声明函（货物）

本公司（联合体）郑重声明，根据《政府采购促进中小企业发展管理办法》（财库〔2020〕46号）的规定，本公司（联合体）参加＿＿＿＿＿＿（单位名称）的＿＿＿＿＿＿（项目名称）采购活动，提供的货物全部由符合政策要求的中小企业制造。相关企业（含联合体中的中小企业、签订分包意向协议的中小企业）的具体情况如下：

＿＿＿＿＿＿（标的名称），属于其他未列明行业（采购文件中明确的所属行业）；制造商为＿＿＿＿（企业名称），从业人员＿＿＿＿人，营业收入为＿＿＿＿万元，资产总额为＿＿＿＿万元，属于＿＿＿＿企业（请根据中小企业划分标准填写中型企业/小型企业/微型企业）；

以上企业，不属于大企业的分支机构，不存在控股股东为大企业的情形，也不存在与大企业的负责人为同一人的情形。

本企业对上述声明内容的真实性负责。如有虚假，将依法承担相应责任。

投标人名称（盖章）：＿＿＿＿＿＿
日期：＿＿＿＿＿＿

1. 从业人员、营业收入、资产总额填报上一年度数据，无上一年度数据的新成立企业可不填报。除新成立企业外，上表填写不全的，不享受中小企业扶持政策。

2. 享受中小企业扶持政策的，将随中标结果同时公告其《中小企业声明函》，接受社会监督。

备注：

1. 投标人须按照本声明函中所明确的采购标的对应的中小企业划分标准所属行业进行声明。

2. 中小企业划分标准参照《中小企业划型标准规定》（工信部联企业〔2011〕300号）的规定进行。

2. 资质

不要提供过期的资质，特别是制造商授权函，往往因为招标拖得时间太久导致授权期限已经过时，而公司后台又没有及时出清这些过期证书，导致投标人员调用的时候使用了过期的资质证书去投标。人员的资质证书，要确保人员配置表里填写的内容和资质证书复印件中反映出来的内容保持一致。

3. 业绩

有的时候招标文件除了要求提交业绩合同之外，还要求提供业绩项目的中标通知书、竣工验收报告、用户反馈记录等，必须按要求提供。不清楚的地方应该在投标前的标书澄清答疑环节中提出，比如业绩合同可不可以遮挡单价，得到招标人明确答复后，再按招标人的澄清回复执行。

4. 财务报告

招标文件要求提交财务审计报告的，看清楚是要提交哪个时间段的。财务审计报告一般要提交：正文首页（盖有事务所和注册会计师印章），三表一附注——资产负债表、现金流量表、利润表和附注。如果附注页数过多，可以在标前澄清环节咨询招标人是否可以只提交其中一部分。没有或者不需要审计的投标单位，可能需要提供银行资信证明。一般招标文件会要求把资信证明正本装订到招标文件正本中。

银行资信证明样例如下。

投标人银行资信证明

银行编号：

日期：

致：××公司

仅适用于：××公司集中规模招标采购××年第二批项目应急电车

应我们的客户××电力（中国）有限公司_____的要求，特向贵方提供投标人的以下信息供参考。

投标人名称：××电力（中国）有限公司

成立日期：××年××月××日

企业经营方式：设计、生产、销售发电机组和相关系统及零部件，并提供相关的技术咨询、培训及售后服务；发动机、发电机、发电机组，以及上述产品的系统和零部件相关产品的批发、佣金代理（拍卖除外）及进出口；提供与上述商品分销相关的配套服务。

上述公司自××年××月起在我行开立的资金账户状况（良好），信誉状况（良好）。在商务结算中的记录（状况良好）。未发现不正常情况。

银行名称（盖章）：_____

银行授权代表签字：_____

日期_____

4.2.5 报价表

1. **标价表格的格式要严格按招标文件要求的格式，绝对不要改动报价表格的格式。** 不可以合并、拆分单元格，也不可以加行、删列。

2. **报价表格中分项报价处不能留空白**，没有响应内容的表格用斜线把其划掉。

3. **报价方式看清楚。** 要求报含税价，还是不含税价和税率分开报。如果要求统一按照9%报税率，而刚好投标人的税率是6%的时候，投标人要在标前澄清答疑环节及时提出，要求招标人对于这种情况进行澄清。不然，投标人报9%的税率最后却无法开具9%的增值税发票；投标人报6%的税率，招标人很可能把投标人的标给废了。投标人将来开具的是增值税普通发票还是增值税专用发票，在投标文件里面要注明。

4. **数字、金额的大写、小写要熟练**，不要临到评标时，对算术偏差进行修正的时候写错大小写（零、壹、贰、叁、肆、伍、陆、柒、捌、玖、拾、佰、仟、万、亿、元、角、分）。

4.2.6 技术方案/服务方案

1. **重视对招标文件技术需求的解读，投标文件的技术方案/服务方案必须响应本项目技术需求的所有要求。** 招标文件有需求模板的，要用该模板，包括章节、提纲。招标文件没有格式要求的，可以套用其他项目模板，但要记得每个需要改的地方都改过来，起码项目名称、招标单位名称要记得改，千万不能张冠李戴，也不能前后矛盾。比如同样一个问题、同样一个参数在技术偏离表、产品说明书、技术方案部分出现的时候都不一样。

2. 技术方案/服务方案的响应有上、中、下三策。

上策：志在必得的项目需要单独为该项目客户做深化设计，定制个性化的技术方案/服务方案。

中策：把用户需求加进标准模板，让客户以为我们是为他量身定做的技术方案/服务方案，但实际上技术方案/服务方案还是用的标准方案，用于一般参与性的项目。

下策：用单位的标准模板只加上招标人名称和项目名称，仅用于参与式投标时。

3. 技术方案/服务方案对照评标办法的评分项来写。 大的得分点，浓墨重彩，增加内容多描述。

技术方案/服务方案的表达尽量采用图表。能画图表达的就用图来表达；图表达不了的，再加表格；表格还表达不了的，再辅以文字。切记不要长篇累牍地用文字来描述一个技术方案/服务方案。

一张纸最多放2张图，表能在一张纸就尽量不跨页。

4. 资质、案例，需要放的还是得重复放，宁可重复不能省略。

5. 技术标暗标评审的，所有细节要求必须全部照办。 不仅包括对投标文件的排版、排序、文字的字体、字号、每行字数、页边距、行距、插图及颜色、表格，还包括页眉、页脚、页码等，绝不可以出现任何会导致明示或暗示投标单位的识别标志。

<u>工程项目投标文件中技术标的主要内容：</u>

（1）工程资料：工程概况、地勘情况、前期设计资料、施工环境及当地管理规定等。

（2）重难点问题分析：对项目需求与目标的理解、重难点问题分析、我们的措施与方案及其优势与亮点。

（3）施工部署：总体施工部署的思路及相应的平面布置，穿插分阶段大型机械设备投入及劳动力配置情况。

（4）其他：工程质量管理、进度计划、安全文明施工、节能环保、服务承诺等。

<u>工程项目投标文件中技术标的编制依据：</u>

（1）招标文件、工程量清单，以及补充通知。

（2）施工图纸、地质勘察报告。

（3）现场踏勘情况、场地自然条件和施工条件。

（4）招标答疑回复。

（5）国家现行施工规范及验收标准、地方标准、规程标准图集以及省市关于建筑施工管理等。

4.2.7　商务偏离表/技术偏离表

1. 对于招标文件中商务偏离表/技术偏离表里的内容最好逐项响应（正偏离也好，负偏离也好）。

2. 填写投标文件中商务偏离表/技术偏离表的时候可以复制（照抄招标文件的要求），但是该改的地方要记得改，该凸显的地方要记得凸显。比如招标文件要求"质保期至少三年"，如果投标文件照抄，也填写"质保期至少三年"，这就不是投标人应有的口吻，应该把响应内容改成"承诺质保期三年"或"承诺质保期四年"。

如果在投标文件中对招标文件的所有技术要求、商务要求一味地响应"满足"，会让招标人产生疑惑，投标人是否真正看清楚了招标文件里的每一项要求，是否在敷衍甚至欺骗。投标人应该在响应招标文件的技术要求和商务要求的时候，可以挑几处投标人比较突出的优点、优势进行重点展示，加深招标人对我们的好感和信任。比如可以响应"满足，该项我们曾经获得过某国家级的荣誉"或"满足，我们的产品的性能指标是××，远远优于你们要求的性能指标"。

3. 正偏离有加分效果的可以考虑采用正偏离响应，即优于招标文件要求，但要平衡得失。比如招标文件要求投标人承诺质保期至少三年，承诺质保期五年的可以加2分。这时我们就要权衡一下，承诺质保期五年项目成本就上升了，报价也需要提高，那么价格分就可能变少1分，而正偏离加了2分，那总分还是增加了1分，有利于中标。在这样的筹划下，可以考虑采用这种正偏离响应。

4. 商务偏离表/技术偏离表中实在做不到的项目，我们有三个选择：

一是**实话实说**。如果实话实说只是扣点小分，在我们还是有希望中标的情况下，优先选择实话实说。

二是**虚假响应**。如果实话实说就要被废标，或者被扣很多的分数导致我们根本就没有希望中标,我们可能要被迫虚假响应。当然,如果在前期投标决策的时候就判断出这些问题,最好的选择是不去投这个标。虚假响应需要衡量法律后果和经济损失。首先虚假响应如果不伪造公文证章,也不虚开、涂改发票,一般不会触及刑事处罚。其次是经济损失,虚假投标造成招标人的经济损失,除要被没收履约保证金之外,不足部分还要继续赔偿。如果这些法律责任和经济损失你都愿意承受,也可以选择虚假响应。否则就应该选择第三条道路——蒙混过关。

三是**蒙混过关**。蒙混过关就是在投标文件里面把我们做不到的项目给隐匿了,删掉、划掉、不出现。

 案例

中国移动6月1日发布《关于某电器股份有限公司负面行为处理结果的公告》,称某电器公司在中国移动2020年至2021年高压离心式冷水机组集中采购项目中存在弄虚作假的情况,根据《中华人民共和国招标投标法》和采购文件及其载明的《中国移动通信集团公司一级集中采购供应商负面行为处理规则》的相关规定,对某电器公司作出如下处罚:一、取消该电器公司在中国移动2020年至2021年高压离心式冷水机组集中采购项目的中标资格;二、后续三年内该电器公司参加的同类产品(高压冷水机组、低压冷水机组)集中采购的综合评审得分扣减5分(百分制)。

经内部核查,该事件系该电器公司区域经销商项目组投标人员在提交申报业绩证明材料时,把中标的"某某某地块工业项目(一期)"当作"某某某地块工业IDC项目(一期)"整理申报。其实该电器公司的这个产品本身是在客户数据中心有应用的,但可能选中的这个案例规模比较大,更有说服力,所以才被拿来改头换面。

事后某知名财经披露,该电器公司被取消中标资格系被竞争对手举报。为了获得合同,这个项目的相关候选人都举报了对方。

 分析

1. 该电器公司虽然只是在某业绩项目名称中加了三个英文字母IDC,但实际上改变了项目性质,把一个普通的工业项目变成了一个数据中心项目,看起来不起眼，其实是很恶劣的造假行为。本来有符合招标人要求的业绩，非要造假，夸大业绩，实属没有必要。

2. 中国移动对该电器公司的本次造假行为只是做了内部处理，并没有移送政府监管部门处理，该电器公司的本次造假行为后果并不严重，既没有承受法律后果，也没有承受经济赔偿。

3. 随着《国家发展改革委等部门关于严格执行招标投标法规制度进一步规范招标投标主体行为的若干意见》（发改法规规〔2022〕1117号）和《国家发展改革委办公厅等关于开展工程建设招标投标领域突出问题专项治理的通知》（发改办法规〔2023〕567号）的文件精神逐步落实，这种以内部处理代替行政处罚、以行政处罚代替刑事处罚的情形会越来越少，在招标投标活动中造假行为的代价会越来越高。像该电器公司这样没必要的造假行为要避免。

4.2.8 点对点应答

一份好的招标文件（如本章附录），招标文件编制得很完善，投标文件的内容、格式的要求都很清晰，在这样的项目中，投标人只需要做填空题，按照招标文件填报相应材料即可。可是一份不好的招标文件，可能什么都没有，只有一句话，要对招标文件的要求做点对点的响应。那么到底什么是点对点的响应呢？怎样响应才算是一份合格的投标文件？

遇到这种没有太多具体要求，只要求对招标文件做点对点响应的情况，首先对招标文件里的实质性要求（通常是那些星号条款）全部作出响应，然后对招标文件中评标办法所涉及的所有评审项进行响应，最后再对"其他承诺事项"做一个兜底的响应"招标文件所有商务要求、技术要求、合同条款，均满足"。

4.2.9 展示、强调我们的优势与亮点

1. 公司实力固然要展示，但更要强调的是我们对招标方需求的理解深度，以及可以配合性和响应性。公司的实力重点展示我们的履约能力，包括技术能力、管理水平、创新性、服务水平、质量保证、企业声誉等。然后就是如何图文并茂地展示我们的方案/产品的独特性、针对性。

2. 重要的内容尽量往投标文件的前面摆放，这样容易让更多的评标委员会

注意到。如果必须按招标文件要求的顺序摆放，在前面最好用适当的方式做一个索引提示。

3. 简洁、鲜明的表达与展示更有力量。不妨考虑对这些希望评标委员会注意到的优势和亮点的内容，加粗字体、更改字体，或者干脆另起一行、单独列为标题。

4. 重要的事情可以说三遍。我们的优势与亮点的内容（有时候是招标文件要求的一些资质、案例等）可以在投标文件中不同部分多次反复地进行强调。

4.2.10 重视评标委员会体验帮助我们获得高主观分

1. 目录结构完整、标题层次清晰，评分项通过目录或索引能够一眼看到。
2. 索引表或评标索引表。它不是目录，如表4-2所示，它是专门用来对应评分标准的一张表格。在表格中列出所有招标文件的评审项目，以及投标文件的响应内容的对应页面——第几页第几行，方便评标委员会评标。甚至可以直接把投标文件中的实际响应内容集中应答在这份评标索引表里面，这样就会有评标委员会直接拿这几张评标索引表就将评标完成了。这更有利于我们蒙混过关——偷偷把我们做不到的项目直接在这份评标索引表上不出现。

评标索引表分页打印，放在投标文件的目录前面。

评标索引表样例见表4-15。

评标索引表 表4-15

序号	评审项目	分值	评审标准	章节位置
1	施工建设管理能力与团队人员配置	3	是否具有证明施工建设管理能力的相关资质或同类型施工建设业绩，建设管理团队人员配置是否合理、科学，是否能够满足项目建设过程中的管理需求与各方协调需求	第3章第3.2节（106～128页）
2	施工组织设计、施工方案制定及施工图优化措施与承诺	1	施工组织安排	第3章第3.3节（128～134页）
			施工组织设计与施工方案制定思路是否具有针对性、合理性和可行性	第3章第3.6节、3.7节、9.1节（148～194页及200～201页）
			是否提出合理、可行的施工图优化措施	第3章第9.10节（238～239页）
			对总包、分包单位管理措施是否有相关责任承诺，是否承诺违约责任最大、经济赔偿最大	第3章第9.9节（234～238页）

续表

序号	评审项目	分值	评审标准	章节位置
3	建设工期计划及保障措施与承诺	5	工程进度计划安排科学合理，能够满足招标（采购）人要求；保证措施是否可靠	第3章第5节及附图2和附图3（145~147页及本册末尾附图2和附图3）
			是否有违约责任承诺	第3章第9.4节和第9.5节（220~229页）
4	建设质量保障措施及承诺	2	工程质量保证计划是否全面、细致、结合实际、措施具体、是否责任到人	第3章第9.2节（201~212页）
			承诺工程质量标准高低，是否有违约责任承诺，是否承诺违约责任最大、经济赔偿最大	第3章第9.2.4节（212页）
5	建设安全保障措施及承诺	1	是否根据实际情况制定安全文明施工保证计划，计划是否全面周到、完整，关键地点、工序、环节控制保障措施是否得力，是否具体到责任人	第3章第9.3节（212~220页）
			承诺安全文明施工标准高低，是否有违约责任承诺，是否承诺违约责任最大、经济赔偿最大	第3章第9.3.6节（220页）

3. 所有扫描件、复印件都编入PDF文档或Word文档，这样每个证书都会有一个自己的页码，不容易被评标委员会翻漏。

4. 关键内容用荧光笔着色，只要招标文件没有明确禁止这样做的都可以这样做，可以方便评标委员会评标。

5. 设计型的项目画图时要用专业的软件绘制。评标委员会看的标书多，图纸一对比，高低便可知。即使不中标、即使是参与式投标，也要在评标委员会心中积累好印象，毕竟他们是我们在业内投标会反复遇到的人。

4.2.11 投标文件的交叉互审

1. 完整性审查

招标文件要求提交的资料确保全部提交，特别是资质要求和评分项检查。

2. 编排格式审查

投标文件的目录顺序是否符合招标文件的要求，字体字号、行间距、封面、正副本份数、签字盖章等处有没有错误。

3. 编制内容审查

投标文件的编制范围是否符合招标文件的要求，是否有错项、漏项、缺漏页或其他内容的缺失，尤其要将投标文件正本作为重中之重，加强审查。

4. 统一性审查

一份投标文件的前后内容都存在相互关系，必须保证前后内容互相一致。

投标文件的交叉互审很重要。很多时候，我们看不清自己的问题，有同伴来帮忙把把关，这也是团队投标的真谛。不赞成有的单位一个投标项目就一个人负责，其他人都不插手。对于这种交叉互审，可以使用一种工具——《标书编制自查表》（见本章附录），单位应该组织所有参与过投标的人员，集思广益、互相交流，形成一份如本章附录所示的表格，帮助我们编制完毕投标文件之后做这样的交叉互审。

4.3 开标、评标、定标过程中的注意事项

4.3.1 开标前的注意事项

1. 现场踏勘

投标人应该利用现场考察的机会，查看现场自然条件、现场环境条件、设备材料供应和运输条件、分包条件，以及生活必需品的供应情况等。如果有机会进入招标单位现场，还有机会考察招标单位的经营状况、能力和资源、外部环境、允许投标人的操作空间等。

现场踏勘中发现对投标人明显不利之处，要立即向招标人提出异议、质疑，要求招标人澄清、修正。如果是对投标人有利的因素，以后有机会加以利用的，投标人可以暂时不提出来，留给后期去商务运作，比如说有机会在项目实施过程中变更、索赔。

现场踏勘多拍点现场照片回来。后期在制作投标文件和述标文件的时候，多使用这些现场图片，显得我们既用心，方案又特别有针对性。

2. 标书答疑会

现场踏勘中发现的问题可以要求招标人澄清。招标文件中的不明确条文或

有错误的内容也应该要求招标人澄清。希望补充某些规定，以使自己在合同实施时能处于主动地位的，留待合同谈判时再说明。

标书答疑会的记录和对各种问题的统一解释或答复，视为招标文件的组成部分，应以书面形式发给每个投标人。

现在更多的标书答疑会转为线上，或者干脆不举行。那么我们的问题可以以书面的形式提交给招标人（有招标代理机构的优先提交给招标代理机构），要求招标人澄清。

标书答疑会上提出问题时应注意防止其他投标人从中了解到本公司的投标机密。

我们不适合在标书答疑会上表现出过高的积极性。遇到关系特别好的招标单位人员和评审专家，也就是礼貌地打个招呼即可，不需要显得和他们很熟。

3. 投标文件的递送

投标文件的递送方式包括专人送达、包裹邮递、网络上传（电子招标）。在投标截止时间前，投标人可以随时书面通知招标人撤回投标文件，并有权拿回自己的投标保证金。但如果截标之后且在投标文件有效期内表示撤回投标文件，投标保证金将被没收。

出现下列情形，投标文件将被拒收（即无效标）：

（1）投标文件不是按招标文件要求的时间和地点送达的；

（2）投标文件的密封不符合招标文件的要求；

（3）招标文件要求投标人授权代表必须到达开标现场而未到达的；

（4）投标文件封套上未按招标文件规定加盖单位公章或法定代表人（或其授权人）的签字（或印鉴）的；

（5）（暗标）投标文件规定封套上不得标明投标人名称，但投标文件封套上出现了投标人名称或任何可能透露投标人信息的标记的。

4.3.2 开标过程中的注意事项

1. 开标流程

开标流程如图4-3所示。

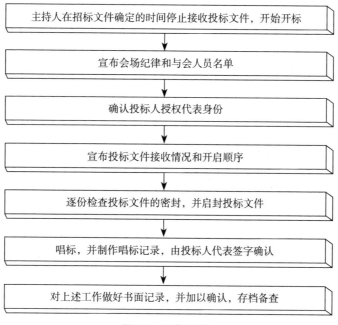

图4-3 开标流程

2. 开标环节的注意事项

（1）准时参加，注意礼貌礼仪和本单位形象；

（2）身份证、证书的原件、复印件都带上；

（3）尽量往前坐，往宽敞的地方坐，方便进出签字、查验身份证、检查密封；

（4）拍摄、抄录、截屏等一切手段记录开标过程与结果，方便回单位研究；

（5）适当与投标对手交谈，获取市场信息。不要轻易放过结识业内朋友的机会。

4.3.3 评标环节的注意事项

作为投标人，我们永远不会知道评标过程中发生了什么。如果存有疑问去向招标人提出异议、质疑，招标人有权只做简单回复，并不需要告知我们那些背后发生的事情——具体的评标细节。我们有必要了解一下评标过程中到底会发生哪些事情？

评标流程如图4-4所示。

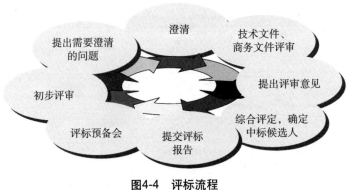

图4-4 评标流程

1. 召开评标预备会

评标预备会的工作内容和流程如图4-5所示。

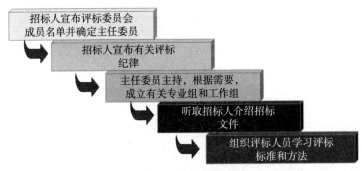

图4-5 评标预备会

评标时评标委员会可不可以商量和讨论呢？其实在评标预备会中是允许充分地商量和讨论的，这一条评标规则是什么意思，客观分应该怎么打，起码要确保客观分评标委员会打分一致。但是在正式开始评标之后，评标委员会就不再商量，各自独立评标。有什么不同意见就不要再商量、讨论，直接举手表决——少数服从多数。可以把评标委员会的不同意见全部注明在评标报告上。

2. 初步评审

初步评审阶段评标委员会要做的四项工作如图4-6所示。

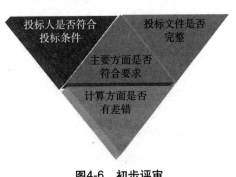

图4-6 初步评审

（1）资格后审

评标委员会对投标人的投标资格进行资格后审。有专门的资格审查小组负责资格后审工作，评标委员会也需要复核资格审查结果，所有资格后审出错的责任都是由评标委员会最终负责的。哪怕是有资格预审的项目，如果投标人在资格预审之后其资格条件发生了较大变化，也需要由评标委员会在初步评审阶段根据其补充、更新的资料进行资格复审。

（2）完整性检查

检查招标文件要求投标人提供的资料，投标人是否全部提供。

（3）算术偏差修正

投标文件的算术偏差修正是评标委员会依照法律规定进行的，而不是给投标人一个澄清修改的机会。算术偏差应该怎么修正，各部门规章均有很清晰的法律规定。

（4）符合性检查

符合性审查，又称响应性评审，是对投标文件是否响应招标文件的实质性要求进行评审。投标文件没有响应招标文件实质性要求的直接依法废标（企业采购叫否决投标；政府采购叫投标无效）。

3. 澄清

评标过程中，评标委员会可以书面方式要求投标人对投标文件中含义不明确、对同类问题表述不一致或者有明显文字和计算错误的内容作必要的澄清、说明或者补正。澄清、说明或者补正应以书面方式进行，并不得超出投标文件的范围或者改变投标文件的实质性内容。

对投标文件的澄清、说明或者补正只能来自于评标委员会的要求，不可以是投标人主动要求澄清、说明或者补正。投标人也不可以借此机会改变投标文件的实质性内容。

投标人可结合客户关系阶段的调查和招标过程中对招标人的进一步了解，针对招标文件中招标人没有提出的，或者不方便提出但实际上却很想要的东西，借此机会使用辅助中标手段，向招标人提出愿意给予满足。这些辅助中标手段，可能包括提前竣工或者交货、低息贷款、赠予施工设备、免费转让技术、免费培训等。

澄清一般是以书面形式进行，但有部分工程项目和服务项目要求以澄清会、述标会、讲标会的形式面对面澄清。第5章我们将专门讲到澄清中的述标答辩技巧。

澄清最终形成的书面文件是合同的组成部分，法律效力高于投标文件中被澄清的内容。

某招标项目澄清通知和澄清回复的实例如下。

问题澄清通知

编号：_____

××机械集团股份有限公司_____（投标人名称）：

××煤业有限责任公司综放工作面支护设备采购项目_____（项目名称）招标的评标委员会，对你方的投标文件进行了仔细的审查，现需你方对下列问题以书面形式予以澄清：

贵单位对电液控系统进行了报价，请明确所报产品的生产厂家。

请将上述问题的澄清于_____年____月____日____时前递交至_____（详细地址）或传真至_____（传真号码）。采用传真方式的，应在_____年____月____日____时前将原件递交至_____（详细地址）。

评标委员会主任：_____（签字）
_____年____月____日

问题的澄清

编号：_____

××煤业有限责任公司综放工作面支护设备采购项目_____（项目名称）招标的评标委员会：

问题澄清通知（编号：_____）已收悉，现澄清如下：

电控系统的选择，我公司响应招标文件。根据该套设备的交货时间以及矿方质量要求选择满足用户需求的产品。

投标人：_____××机械集团股份有限公司_____（盖单位章）
法定代表人或委托代理人：_____（签字）
_____年____月____日

实例说明：该项目招标人在招标文件中没有要求投标人提供具体的电液控系统的生产厂家名称，故该投标人本来打算使用自己比较有把握的也相对便宜的产品。评标过程中，招标人希望通过澄清让该投标人承诺使用更好的产品，否则对其做不利的评价。该投标人不愿轻易放弃利益，不惜后期异议、投诉，坚持只回应我们严格响应招标文件的要求。这相当于没有回复评标委员会的澄清要求，有可能导致废标。不如回应"因为招标文件没有要求我们提前准备电液控系统的生产厂家，所以我们会在中标后依据本单位内部采购管理制度，严格筛选完全满足招标人要求的电液控系统生产厂家。"

4. 详细评审

详细评审是评标委员会对通过初步评审的投标文件，根据招标文件确定的评标方法，该折价的折价，该打分的打分，从而产生最终的中标候选人。

5. 废标的规定

注：本书中所称"废标"均是按照招标投标行业多年来约定俗成的习惯称呼的，与政府采购等相关法规里的"废标"含义不同。政府采购领域的"废标"现在指的是招标失败，即业内俗称的流标。现在政府采购领域相关法规将本书中定义的"废标"称之为投标无效。企业采购领域相关法规将本书中所称的"废标"称之为否决投标。因为不同政府部门把同一件事情赋予了不同的名称，而且十年前和十年后的名称、含义还都不一样。为了方便统一表达，本书沿用了业内多年延续的"废标"概念。

详细评审阶段的废标既有依法废掉的投标，也有依招标文件的约定废掉的投标。

法定的废标情形如下：

《招标投标法实施条例》第五十一条 有下列情形之一的，评标委员会应当否决其投标：

（一）投标文件未经投标单位盖章和单位负责人签字；

（二）投标联合体没有提交共同投标协议；

（三）投标人不符合国家或者招标文件规定的资格条件；

（四）同一投标人提交两个以上不同的投标文件或者投标报价，但招标文件要求提交备选投标的除外；

（五）投标报价低于成本或者高于招标文件设定的最高投标限价；

（六）投标文件没有对招标文件的实质性要求和条件作出响应；

（七）投标人有串通投标、弄虚作假、行贿等违法行为。

《政府采购货物和服务招标投标管理办法》第六十条 评标委员会认为投标

人的报价明显低于其他通过符合性审查投标人的报价，有可能影响产品质量或者不能诚信履约的，应当要求其在评标现场合理的时间内提供书面说明，必要时提交相关证明材料；投标人不能证明其报价合理性的，评标委员会应当将其作为无效投标处理。

第六十三条　投标人存在下列情况之一的，投标无效：

（一）未按照招标文件的规定提交投标保证金的；

（二）投标文件未按招标文件要求签署、盖章的；

（三）不具备招标文件中规定的资格要求的；

（四）报价超过招标文件中规定的预算金额或者最高限价的；

（五）投标文件含有采购人不能接受的附加条件的；

（六）法律、法规和招标文件规定的其他无效情形。

招标人还会把从自己的招标经验中得出的不可容忍之事，写成专门的废标条款。只要这些写法本身不违法，这些招标文件里的专门的废标条款是可以直接用来废掉我们的标的，例如投标文件未按招标文件规定的格式填写的废标；内容不全或关键字迹模糊、无法辨认的废标等。

6. 形成评标报告

评审结束以后，评标委员会需要形成评标报告交由评标委员会全体成员签字。对评标结论有不同意见的评标委员会成员，应在评标报告中表明自己的不同意见和理由。拒不签字又不表明自己的不同意见的评标委员会成员视为同意评标结论。评标委员会应该按照招标文件的规定推荐中标候选人，并加以排序。中标候选人的数量不超过3个。

4.3.4　定标过程中的注意事项

1. 如果中标人不是我们

如果第一名的中标候选人不是我们，也不是招标人想要的，我们应该提醒、帮助招标人实现自我救济，以获得再一次参与本项目的机会。

招标人的自我救济方法如表4-16所示，表中所称条例是指《招标投标法实施条例》。

中标结果不理想的救济方法 表4-16

事由		法定情形	法条依据	招标人的救济方式和途径
签约瑕疵	1	排名第一的中标候选人放弃中标	条例55条	招标人直接依照中标候选人排序依次确定其他中标候选人为中标人；或者直接选择重新招标
	2	中标人因不可抗力不能履行合同		
	3	中标人不按照招标文件要求提交履约保证金		
	4	中标人被查实存在影响中标结果的违法行为		
履约能力	5	中标候选人经营状况发生较大变化	条例56条	招标人提交原评标委员会审查，如其主张得到评标委员会的确认，可依法确定其他投标人为中标人
	6	中标候选人财务状况发生较大变化		
	7	中标候选人存在违法行为		
评审行为不当	8	应当回避而不回避	条例71条	招标人可向行政监督部门反映，由行政监督部门责令改正，改正方式可视情形分别采用重新评审或重新组建评标委员会进行评审等
	9	擅离职守		
	10	不按招标文件规定的评标标准和方法进行评审		
	11	私下接触投标人		
	12	向招标人征询确定中标人的意向，或者接受任何单位或者个人明示或暗示提出的倾向或者排斥特定投标人的要求		
	13	对依法应当否决的投标不提出否决意见		
	14	暗示或者诱导投标人作出澄清、说明；或者接受投标人主动提出的澄清、说明		
	15	其他不客观、不公正履行职务的行为		
违法	16	招标投标活动违反《招标投标法》和条例规定，对中标结果造成实质性影响，且不能采取补救措施时	条例82条	招标人可依法重新招标或重新评标

2. 定标环节我们的法律风险

在定标环节我们有如下行为，将承担一定的法律风险。

《招标投标法实施条例》第七十三条　依法必须进行招标的项目的招标人有下列情形之一的，由有关行政监督部门责令改正，可以处中标项目金额10‰以下的罚款；给他人造成损失的，依法承担赔偿责任；对单位直接负责的主管人员和其他直接责任人员依法给予处分：

（一）无正当理由不发出中标通知书；

（二）不按照规定确定中标人；

（三）中标通知书发出后无正当理由改变中标结果；

（四）无正当理由不与中标人订立合同；

（五）在订立合同时向中标人提出附加条件。

第七十四条　中标人无正当理由不与招标人订立合同，在签订合同时向招标人提出附加条件，或者不按照招标文件要求提交履约保证金的，取消其中标资格，投标保证金不予退还。对依法必须进行招标的项目的中标人，由有关行政监督部门责令改正，可以处中标项目金额10‰以下的罚款。

4.3.5　合同签署环节的注意事项

1.合同三要素（图4-7）

（1）标的，即所招标采购的工程、货物、服务。

（2）当事人，即招标人和投标人。

（3）要约与承诺。

招标文件只是要约邀请，其法律效力等同于售楼广告。不过要约邀请按照《中华人民共和国民法典》第四百七十三条的规定，其中符合要约条件的，也构成要约。例如招标文件中的设计图纸、合同条款等。

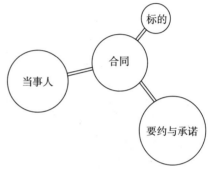

图4-7　合同三要素

投标文件是要约，它的法律效力高于招标文件中具有法律效力的部分。如果投标文件和招标文件的说法不一致，招标人仍然把中标通知书发给该投标人，视为以"默示"的方式认同投标文件的说法。也就是说招标文件和投标文件不一致的时候，以投标文件为准。

中标通知书就是已签订的承诺。中标通知书中的内容的法律效力高于投标文件。

2.招标项目的合同组成文件的法律效力高低

《关于印发〈标准设备采购招标文件〉等五个标准招标文件的通知》（发改法规〔2017〕1606号）、《〈标准施工招标资格预审文件〉和〈标准施工招标文件〉试行规定》（发展改革委令第56号）中关于招标项目的合同组成文件的法律效力高低的说法，可以视为业内约定俗成的交易习惯。

（1）工程招标的合同组成文件的优先顺序

组成合同的各项文件应互相解释，互为说明。除专用合同条款另有约定外，解释合同文件的优先顺序如下：

1）合同协议书；

2）中标通知书；

3）投标函及投标函附录；

4）专用合同条款；

5）通用合同条款；

6）技术标准和要求；

7）图纸；

8）已标价工程量清单；

9）其他合同文件。

（2）设备招标的合同组成文件的优先顺序

组成合同的各项文件应互相解释、互为说明。除专用合同条款另有约定外，解释合同文件的优先顺序如下：

1）合同协议书；

2）中标通知书；

3）投标函；

4）商务和技术偏差表；

5）专用合同条款；

6）通用合同条款；

7）供货要求；

8）分项报价表；

9）中标设备技术性能指标的详细描述；

10）技术服务和质保期服务计划；

11）其他合同文件。

合同协议书样例如下。

合同协议书

（发包人名称，以下简称"发包人"）为实施（项目名称），已接受（承包人名称，以下简称"承包人"）对该项目的工程总承包投标。

发包人和承包人共同达成如下协议。

1. 本协议书与下列文件一起构成合同文件：

（1）中标通知书；

（2）投标函及投标函附录；

（3）专用合同条款；

（4）通用合同条款；

（5）发包人要求；

（6）承包人实施计划；

（7）价格清单；

（8）投标文件；

（9）其他合同文件。

2.上述文件互相补充和解释，如有不明确或不一致之处，以合同约定次序在先者为准。

3.签约合同价：人民币（大写）____元（¥____）。本合同为固定总价合同，除合同约定可以调整内容外，合同总价不得调整。

4.承包人项目经理姓名：____，证书编号：____，职称：____；

承包人设计负责人姓名：____，证书编号：____，职称：____；

承包人施工负责人姓名：____，证书编号：____，职称：____。

5.工程质量符合标准。

6.承包人承诺按合同约定承担工程的实施、完成及缺陷修复。

7.发包人承诺按合同约定的条件、时间和方式向承包人支付合同价款。

8.承包人应按照监理人指示开工，工期为____天。

9.本协议书一式____份，合同双方各执一份。

10.合同未尽事宜，双方另行签订补充协议。补充协议是合同的组成部分。

发包人：_____（单位盖章）   承包人：_____（单位盖章）

法定代表人或委托代理人：____（签字）   法定代表人或委托代理人：____（签字）

_____年___月___日   _____年___月___日

3.招标项目的合同签订

招标人和中标人双方在不改变招标文件和中标人的投标文件中的实质性内容的前提下，可以对那些非实质性的内容进行调整、厘清、纠错、补漏式的谈判，以最终签订项目合同。如果想对那些招标文件和中标人的投标文件中的实质性内容进行改变，不妨留待合同签署之后，以合同变更的形式加以解决。

合同签订之后，双方互相履行履约保证、支付担保等担保、保证手续。

本章附录： 投标文件编制工具——标书编制自查表（表4-17）

标书编制自查表　　　　　　　　　　　　　表4-17

类型	序号	自查项目
形式格式	1	装订不规范，使用活页装订
	2	目录与页码对不上
	3	各类证书的复印件没有页码
	4	字体、字号、行间距等前后不一致
	5	内容编排顺序未按照招标文件的要求排列
	6	投标文件没有密封或没有加盖密封章
	7	标书中有明显可验证的抄袭现象
	8	投标文件有章节上的缺失
程序问题	1	现场或网上报名不成功，未按时到达开标现场
	2	没交、少交、交错投标保证金
	3	授权代表未带身份证，要求的证书原件未带
	4	投标人未在规定时间内完成电子文件上传，未带U盘或光盘
	5	投标人电子投标文件未成功解密
商务标	1	盖章不规范。用投标专用章代替公章，子公司投标盖母公司章（或者反过来），盖办事处的章
	2	签字不规范。要么漏签，要么不是法人代表本人签字
	3	法人代表授权书不规范。要么缺少法人代表身份证复印件，要么缺少被授权人身份证复印件，要么二者都缺
	4	证书过期。包括公司资质证书、质量认证体系证书、相关产品证书、人员相关证书等
	5	复印件模糊。包括财务报表、案例合同、房屋租赁合同、代理合作协议及各类证书复印件等
	6	成功案例不规范。包括金额不够、时间不对、缺少相关度、合同复印件缺少关键信息等
	7	价格不一致。包括大写与小写不一致、总价与单价不一致等
	8	投标报价超出项目最高限价，暂估价、暂定金额是否按照招标文件清单给定的价格报价，规费税金计算有误，清单有漏项
	9	投标人不符合招标文件规定的投标资格，投标人的资质、合同、人员等有造假行为，标书中出现所指投标对象非招标单位
	10	投标有效期与招标文件要求不一致，授权委托书期限短于投标有效期
	11	项目组织结构不符合招标文件最低要求，企业业绩、相关人员业绩不符合招标文件要求
	12	投标人采购第三方产品缺少授权委托书或已过期

续表

类型	序号	自查项目
	13	政府采购合格供应商的4个基本要件缺失，包括依法纳税证明、依法为员工缴纳社会保险的证明、经审计的财务报表、3年内无违法记录声明。不可竞争费是否按照招标文件要求计列
技术标	1	期限、质量、环境保护不符合招标文件要求，投标文件有技术上的重大偏离，或技术指标负偏离不做任何说明
技术标	2	技术参数前后不一致。包括：技术偏离表中的应答参数与产品说明书中的参数不一致，技术偏离表中的应答参数与产品检测报告中的参数不一致
技术标	3	技术偏离表填写不规范。包括左右拷贝、漏项缺项、只应答有偏离的指标、空白表格等
技术标	4	检测报告的产品型号与投标的产品型号不一致、产品资质证书的型号与投标的产品型号不一致等
技术标	5	技术标的内容模块缺失。未按照招标文件的技术要求和评分标准要求编写，导致缺少部分内容

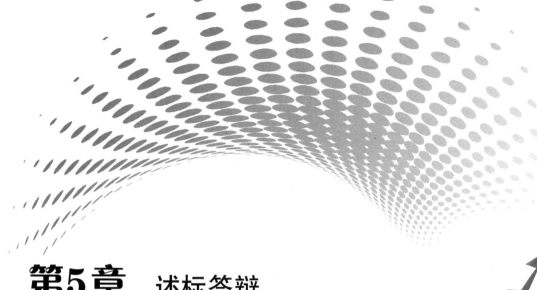

第5章 述标答辩

5.1 准备述标文件

5.1.1 述标流程

1. 述标前准备工作

(1) 组建述标团队,选拔经验丰富的投标、述标人员;

(2) 研读分析招标文件、投标文件,回顾以往成功项目案例经验;

(3) 根据招标文件要求做投标团队内部的任务分配,落实责任清单;

(4) 团队头脑风暴,归纳分析项目管理重点、技术难点、客户需求等要素,确定述标提纲,汇报目录;

(5) 确定PPT(演示文稿)大纲。

2. 述标模拟

(1) 内部述标模拟演练,邀请领导和专家进行点评。

(2) 联系内线,了解述标现场环境、设备情况及竞争对手资料等信息,做好述标准备工作。

3. 现场述标准备及注意事项

（1）统一服装；

（2）注意肢体语言及表情；

（3）提前进场，调试设备，人员状态调整；

（4）团队约定暗号；

（5）招标人提问灵活应对，遇到故意刁难时尽快摆脱。

4. 复盘分析、汇总经验资料

5.1.2 准备述标素材

第3章我们已经讲过投标需要根据招标文件判断招标人的采购意图，然后有针对性地准备我们的竞争策略。根据本项目的投标竞争策略相应地配置要素组合，进而形成我们的投标方案。

述标答辩素材的准备是根据本项目投标方案进行的，包括：

1. 公司资料

公司历史、背景、组织结构、专业能力、行业定位、规模/注资、资质、荣誉、同类项目经验和成功案例、品牌宣传资料、主要团队成员的经验和能力、公司对本项目的特别支持安排等。

2. 项目资料

招标文件中的需求、项目概况、目标、范围、交付要求、勘察情况、前期设计资料、施工环境及当地管理规定等。

3. 措施与解决方案

对项目需求与目标的理解、重难点问题分析、我们的措施与方案及其优势与亮点，包括技术方案、运营计划、项目管理、成本控制、资源调配、创新能力等。

4. 项目实施计划

提供详细的项目实施计划，包括时间进度表、关键里程碑和风险管理计划、平面布置、分阶段大型机械设备投入及劳动力配置情况。

5. 其他

工程质量管理、安全文明施工、节能环保、服务承诺等。

5.1.3 述标内容编排

述标内容不能与投标文件内容简单重复。述标内容应该是活泼生动的、丰富翔实的、有针对性的和有说服力的去向招标人展示投标人的履约能力和诚意,如图5-1所示。

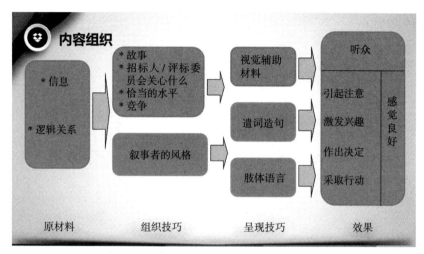

图5-1 述标内容组织

1. 我们先把准备好的述标素材用一定的逻辑关系编织起来,形成述标内容的"骨架"。这个逻辑关系也就是内容的先后排序,可以是按照项目管理的要求排序,可以是按照项目进度排序,可以是按照平面布置排序,或者是按照因果关系排序,也可以是正反对比,还可以是层层递进,诸如此类。总之,要有一个完整的、清晰的逻辑关系把这些素材整合在一起,向招标人进行展示。否则招标人抓不住重点,也建立不了鲜明的印象,更难以打动他们。

2. 我们要结合自己擅长的叙事风格和招标人、评标委员会的接受力和专业程度增加一些"调味料",让这副"骨架"有血有肉,丰满起来。这些"调味料"包括:一个小故事(与项目有关更好),招标人、评标委员会可能关心的一些热点问题或者业内人士都知道的一些"梗",一段用来和外部嘈杂环境对比,吸引竞争招标人和评标委员会注意力的音视频动画,适合招标人和评标委员会的接受能力与专业度的、深浅恰当的表达方式等。

3. 我们的"骨架"和"调味料"最终是要靠可视的材料展现给招标人和评

标委员会的，如图5-2所示。

根据研究，人的感知75%是靠视觉，13%是靠听觉，剩下的12%是靠我们的触觉、嗅觉和味觉。而且人的记忆规律（图5-3）对于只听过但没看过的一天之后只能记住10%，见过但没听过的一天之后能记住50%，既听过又看过的一天之后还能记住70%。

图5-2 人的感知

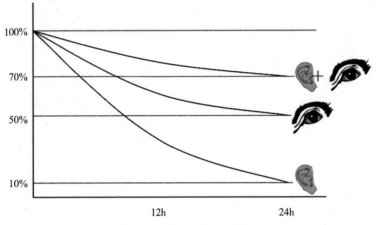

图5-3 视觉与听觉的记忆

所以让招标人和评标委员会在我们述标时能同时看到我们的述标辅助视觉材料就非常重要。

常用视听设备的区分与使用：

（1）电脑投影仪

可插入动画、插图、音频、视频；每页要点不要太多；前后字体保持一致，字数不要太多；设备兼容调试；激光笔正常、有电。

（2）大白板/翻板纸

不要边说边写，不要背对大家，不要挡住大家视线，字要够大，翻板纸可以回顾。

（3）挂图

制作精美，可反复使用。

（4）散页资料

简洁、打印清晰，在合适的时候分发。

（5）动画音视频

生动、冲击力强，还可插入PPT里面做动态放映，空白时间宣传公司文化。

（6）实物样品展示

产品自信，感官刺激，可增进招标人和评标委员会对我们的信任。

4. 确保我们的述标内容能与众不同，激发招标人和评标委员会对我们述标内容的兴趣，接受我们的投标方案并采取行动。

5. 内容组织的要点

（1）核心目标——突出展示履约能力。

（2）熟悉招标文件条款要求，尤其是评分标准的得分项、扣分指标及权重。

（3）避免与投标文件重复/重叠（因为专家在听"述标"前已审阅投标文件，对投标人已有初步印象）。

（4）抓重心，突出亮点。

（5）丰满翔实，每分必争地向主观评分项倾斜（客观评分指标已不可逆转）。

5.1.4 述标文件编制

1. 从招标人的需求说起

我们都听说过"公主的月亮"的故事。诺诺公主生病了，她的国王爸爸说："只要你的病能好，你想要什么我都给你。"小公主指着窗外说："你要是把天上的月亮摘给我，我就会很快好起来的。"于是，国王找来自己的智囊团摘月亮，可是大宰相、大巫师、大数学家都说这不可能。国王犯愁了，只好暂时先叫来宫廷小丑逗公主开心。小丑使出浑身解数，小公主也开心不起来。小丑急了，就问公主"您要的月亮到底是个什么样的啊？"结果小公主说"它比拇指盖还小，就卡在树梢之间，还是金子做的呢。"

当然我们都知道结果是国王打制了一枚金子做的月亮送给公主，公主很高兴。

但是故事还没有结束，因为天就要黑了，天上的月亮又要出来了，国王一筹莫展，"小公主会不会认为我是在骗她摘了月亮下来？"就又让小丑去问小公主："小公主，如果天上的月亮又出现了，你会怎么想？"小公主说："草割了能长,月亮摘了它当然还能长出来!"

你看,有时候我们以为的招标人需求,可能并不是招标人真正的需求,往往我们想错了,甚至是我们想多了。

所以述标要坚持从我们对招标人需求的理解谈起。

2. 说服模型(图5-4)

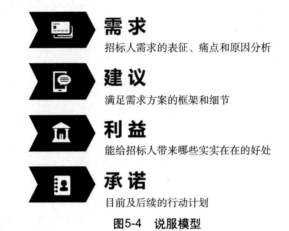

图5-4　说服模型

首先,我们要谈对招标人需求的理解,包括对其中重难点问题的分析。在这里可以强调对招标人的诚意和付出,即我们为了准确理解贵单位的需求做了哪些工作、付出了什么。

其次,提出有针对性的、能满足招标人需求的解决方案,充分展示投标人的实力、竞争优势和技术能力,用认真的、负责任的态度和丰富翔实的细节赢得招标人的信任。

再次,对我们的解决方案能给招标人带来哪些利益、什么样的实实在在的好处,进行充分的阐述,以最终打动招标人并使之愿意采取行动、接纳我们。

最后,我们后续的行动方案,特别是针对招标人仍有可能的不放心之处给予一些承诺,让招标人感到安心。

3. 述标文件(PPT&PDF)的制作要求

(1)介绍本人及述标团队(如有)(<30s,不放入PPT)。

(2)介绍公司(1~2min):包括公司历史及获得过的荣誉(1~2页PPT)、公司资质(1~2页PPT)、公司业绩(1~2页PPT)。

(3)项目目标(1min左右,1页PPT):包括工期(某年某月某日前竣工、节点计划)、质量(创××奖)、安全文明施工(项目所在地文明施工要求)。

(4) 项目实施方案(图表为主,文字为辅):包括设备及检测仪器、劳动力计划、进度安排、质量措施、安全文明施工、总平面布置、重难点问题及措施、施工专项技术分析等。

(5) 项目管理机构:包括管理和技术人员配置、公司是否有特别的支持安排等。

(6) 其他承诺:包括述标通知中提到的但前面还没讲到的所有内容。

4. 述标文件(PPT&PDF)制作的其他要点

(1) 能帮助招标人迅速抓住重点、印象深刻。

(2) 每个页面要有标题,内容不要太多。

(3) 每个页面只包含一个主题。

(4) 使用公司统一的格式与形式。

(5) 色彩丰富和谐。

(6) 尽量不要将版面塞太满,不要变成"书",多使用音视频、动画及图、表、符号。

特别注意的是,能够用图形表达的不要用表格,能够用表格表达的不要用文字,如图5-5所示。

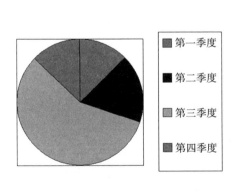 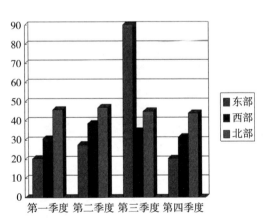

图5-5 饼图与柱状图

不好的PPT制作范例如图5-6所示。

改进后比较好的表达如图5-7所示。

多采用现场卫星平面图,在此基础上安排动画展示方案是非常好的表达方式,如图5-8所示。

广告业在中国有着广阔的市场发展前景

　　随着中国加入WTO和国内市场经济的不断发展，中国市场将进一步开放，由此，创造许多商机，未来十年将是中国经济发展的"黄金十年"。

　　由于市场的开放，市场激烈的竞争程度必将与日俱增，企业在发展决策、产品的生产、开发、销售以及市场推广、广告宣传、品牌的规划上越来越需要"外脑"的帮助，为广告公司的介入和发展提供了极大的机会，广告也是未来十年内最有发展势头的十大行业之一。

图5-6　不好的PPT制作范例

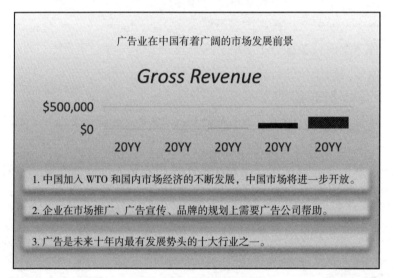

图5-7　好的PPT制作范例

图5-8　现场图之动画演示

在PPT或PDF文件中摆放团队成员认真工作时的现场画面是打动招标人的好方法，如图5-9所示。

图5-9 现场工作图

5.2 个人素质训练

5.2.1 商务礼仪

商务礼仪是指在商业场合中的合适行为和礼节。

1. 商务礼仪的核心是尊重

其实只要明白了这个道理，大多数的商务场合都不会失礼。介绍的时候优先把位卑者介绍给位尊者，这是确保位尊者的优先知情权；吃饭的时候把面对门口的座位留给主客，这是确保主客对现场的一切皆在掌控；坐车的时候让最尊贵的人坐在司机后面这个位置，因为这个位置相对最安全；一般场合都是先把男士介绍给女士，这是表示尊重女性，如果是正式场合，就需要同时考虑多种因素。

2. 仪容仪表

保持整洁、得体的着装，穿着适合场合的服装。注意个人卫生和形象，保持干净整齐的外表。

着装三色原则：根据自己的喜好和风格进行个性化的调整和变化，确保所选的颜色搭配在整体上看起来和谐、协调，能展现出你的个人魅力和品位。其中着装三色原则是一种常用的搭配方法，可以帮助你在穿着上显得搭配得体、协调和时尚。这个原则是基于以下三个颜色的概念：主色、辅助色和点缀色。

1. 主色：主色是整体着装的基调，通常是中性色或经典色，如黑色、白色、灰色、棕色和蓝色等。主色通常用于上衣、裤子或裙子等整体服装的基本色。

2. 辅助色：辅助色是用来搭配主色的颜色。它可以是与主色相近或相反的色彩，提供一种衬托或对比效果。辅助色通常用于配饰、领带、腰带、鞋子或其他服装细节上。

3. 点缀色：点缀色是用来打破着装的单调性和增加亮点的颜色。它通常是鲜艳或明亮的颜色，用于突出某个部分或细节。点缀色可以用于配饰、手包、领带、领结、围巾或其他服装元素上。

例如：

经典搭配一

主色：黑色

辅助色：白色

点缀色：红色

经典搭配二

主色：棕色

辅助色：米色

点缀色：绿色

经典搭配三

主色：灰色

辅助色：黑色

点缀色：蓝色

同时着装要与使用场景相匹配，选择适当的服装可以显示你的尊重和专业度。

述标的场合通常比较正式，尽量选择比较正式、庄重的装束。男士可以选择西装、领带和皮鞋，并确保衣物整洁、皮鞋锃亮。女士可以选择套装、裙子或正式的连衣裙，选择不夸张的颜色和面料。但如果对方的企业文化是比较宽松随意的着装氛围,不妨呼应其企业文化采用商务休闲装束,即选择更为轻松和舒适的着装。男士可以选择有领衬衫、有领T恤衫、休闲裤,搭配软底商务休闲皮鞋。女士可以选择衬衫和休闲裤、裙装或合身的连衣裙。

3. 时间观念

每个人的生命都是由时间组成的。珍惜他人的时间是现代人的基本素质要求。准时到达是非常重要的礼仪。述标时,最好提前到达以确保在述标开始前已经做好准备。如果路途时间无法保证,就需要提前更多的时间出发。

4. 其他注意事项

(1)在商务场合使用正确的称呼非常重要。如果对方有专业职位或头衔,最好在称呼时使用他们的姓名和职务来表示尊重。

(2)握手礼仪:握手时要保持自信和坚定的姿态,稍稍用力但避免用力过猛或过轻,足以表达诚意即可。女士可以选择轻握。同时与对方保持眼神交流。

(3)述标场地内手机记得要静音。

5.2.2 心态调整

述标场合,遵循"知之为知之,不知为不知",不需要给自己增加压力。

1. 不要恐慌

有人在世界范围内做过一个统计,在一群陌生人面前高声地讲话,对某些人而言,这是最令人恐惧的事情。但是也有人做过另一个研究,结论是在这种场合,有点紧张反而是好事。演讲者所感受到的压力与演讲中的表现通常如图5-10所示。

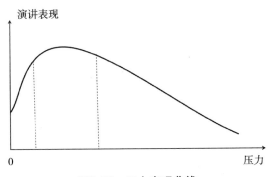

图5-10 压力表现曲线

当演讲者感觉毫无压力的时候,他就不会很认真地准备这场演讲,他的演讲表现往往不会太好;而演讲者感受到一定的压力,他就会认真地准备这场演讲,甚至进行多次排练,这样他的演讲表现往往能呈现出很高的水准;但一旦压力过大,超出其阈值,该演讲者就会走向崩溃,可能演讲时大脑一片空白,也可能语无伦次、错误表达,毫无演讲表现可言。

2. 平和自信

临上场述标之前,多想一些让自己开心的人或事,这种方法叫作开心金库。要相信自己介绍的产品和方案对招标人是最合适的,而且自己的团队在这些方面也是足够专业的。

3. 让一切在控制之中

不要让评标委员会等你,不要迟到,迟到会让人慌张。如果有条件,提前熟悉一下场地和设备。

4. 事先沟通

如果有和今天到场的招标人领导或评标委员会有过接触的,把相关信息传递给述标人员,包括他们的角色类型和性格类型以及他们在这个项目里面的关注点。招标人在场人员有没有倾向性,防止其为了帮助你的竞争对手而向你发难,提出刁钻的问题。如果在座的招标人领导或评标委员会有喜欢我们的,希望我们最终参与这个项目,他能给我们提供哪些帮助。

5. 排练

述标之前在单位内部进行演练,哪怕是没有条件做演练,也应该在述标之前的晚上,把第二天的述标进程和评标委员会可能提出的问题及回答预案在大脑里面排练一遍,这种方法叫作预演未来。

6. 其他小技巧

压力过大时使用一些小道具分散自己的注意力,以排解压力,比如手上拿一支笔、翻页器,但是不要拿激光笔。有时候深呼吸也能帮助我们排解压力、平复情绪。

5.2.3 身体语言

人与人之间面对面沟通时,55%的信息是靠身体语言传递的,38%的信息是靠语气语调传递的,真正通过说话时语句里的字词传递出来的信息只有7%,

如图5-11所示。所以在述标时，要重视身体语言的表达。

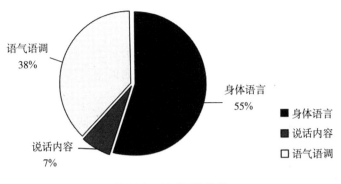

图5-11 面对面的沟通

1. 眼神

看人的时候，目光柔和地放在对方眉间，要接触，不死盯，也不躲闪。述标过程中目光尽量关照到全场，不要让任何人有被冷落的感觉。

2. 面部表情

面部表情要积极自信，注视大家。对话时配合对方表情，不要配合不当，比如对方在讲一段比较沉痛的话题时你兴高采烈地回应对方，也不要神情恍惚。

3. 手势

手势贵在自然。不能没有，显得拘谨，代表你不自信。对自己的产品、方案和自己的专业性都不自信，招标人能信任你？但是手势不能过于张扬，张牙舞爪地挥舞会让招标人领导和评标委员会感觉不舒服。指人的手势是四指并拢指出，指物的时候才能够使用"一指禅"（一下子就能指出来）。

4. 体姿和动作

站立和移动时，男人要稳，女人要挺拔。丁字步的站姿会让女人看起来更挺拔。站立时面向对方，倾听时微微前倾。不要不停地点头，也不要脑袋固定不动。比如在他人说话中间莫名其妙地点一下头，那代表着你实际上并没有认真听对方讲话，是在敷衍甚至欺骗对方。

5. 身体接触

招标人与我们主动发生身体接触时，不要畏缩，显得和招标人不亲近。我们和招标人主动发生身体接触的时候不要太亲昵，更不要搂腰抱头。身体接触中握手最安全，其次可以轻抚对方手腕以上，手肘以下这一段手臂也比较安全。主动和招标人发生身体接触是拉近彼此关系的捷径。

6. 身体距离

爱人、父母子女之间的自在距离是0.5m以内；同事、朋友之间的自在距离是0.5～1m；陌生人之间的自在距离是1m以上。没有那么亲近就不要靠得那么近，除非排队时没办法一定要挤在一起。但是如果招标人想跟你亲近一点儿，从远处走过来想跟你并排坐在沙发上谈事情的时候，千万不要故意躲得远远的。这种下意识闪开的动作，代表着你心目中对对方的真实看法和态度。

身体语言练习——打开外壳

选择一个单纯的事件，用身体的动作来表达，越剧烈越好，从三句话以内开始动作，运用"行"——行动，"色"——脸色，"我"——自己，"夸"——夸张的原则。例如，拍苍蝇、打蚊子、捉老鼠、学骑车、看电影等。

5.2.4 语气语调、音量、语速及停顿

1. 语气语调

语气语调抑扬顿挫的变化反映感情色彩。述标演讲必须和蔼可亲、热情洋溢地推介我们的产品和方案，才有可能打动对方愿意采购我们的产品、采纳我们的方案。但是语气不能太迫切，显得太功利，意味着你说话的内容是在为自己的利益服务，而不是在替招标人着想。我们是先给招标人提供价值，然后才获得应有的报酬，而不能反过来思考问题。

2. 音量

述标时音量不能太大，也不能太小。音量太大，招标人领导和评标委员会会觉得很吵，听起来不舒服，影响他们吸收你讲的内容。音量太小会让他们听起来很吃力，也没办法完全听清你的意思。音量小到最远的听众都能听清楚你讲的内容为限。

3. 语速

语速就慢不就快。听众里面有说话做事节奏快的人，也有说话做事节奏慢的人，在语速问题上，我们只能迁就那些说话做事节奏慢的人，以确保绝大多数人都能听清楚我们所讲的内容。

4. 停顿

说话中途有意识地使用停顿的技巧，是一种降低语速，并促进听众思考的很好的方法。述标人可能本身是一个说话做事节奏很快的人，但为了照顾到大多数人的需求，在述标时特意降低语速，可能会导致大脑的思维和口头的表达不咬弦，甚至卡壳。那么在说完一句话或一段话之后，故意地停顿一下，是一种很好的变相降低语速的方法。

语气语调练习：

用图5-12所指定的情绪和力度，绘声绘色地朗诵图5-13中的这首"一字"诗。

	感情	音量
第一行	愤慨、命令	很有力
第二行	冷漠、悲观	中等
第三行	悲观、失望	轻声
第四行	害怕、一筹莫展	中等
第五行	抗议、愤恨	很有力

图5-12　情绪与力度

沉默	沉默	沉默
沉默	沉默	沉默
沉默		沉默
沉默	沉默	沉默
沉默	沉默	沉默
		——欧根·戈姆林格

图5-13　欧根·戈姆林格的诗

5.2.5　常见的语言错误

1. 吐字不清

自己都不理解自己所说的内容，容易出现断字断句不合理，让听众不明所以、理解困难。普通话或英语不标准，口音太重，会加剧听众对于你所阐述内容的理解困难程度。

2. 使用行话

说话内容不配合听众的受教育程度和专业程度，一味地使用专业术语会让听众听不明白。投标人一般比招标人专业，甚至比评标委员会还专业，但是述标语言的组织要照顾到在座的各位招标人领导和评标委员会的接受程度，专业术语的使用不能太多、太深，但也不能完全没有。专业术语完全没有会容易让人觉得你不够专业。

3. 音量太低

音量确保每位招标人领导和评标委员会都能听清楚你所讲的内容，但是又不能音量太大刺激听众神经。

4. 说得太快或太慢

说话太快让人听不清，说话太慢让听众犯困，不利于保持其对你所讲内容的关注。

5. 重复

尽量不要重复你前面讲过的内容，也不要重复投标文件已经表达得很清楚的内容。评标委员会来听述标之前是已经看过投标文件的，没必要简单重复他们已经看过的东西，主要讲那些他们不太容易看明白的，或者是你们想重点强调的、用来打动招标人愿意采取行动的那些内容。

6. 啰嗦

简洁、到位的表达更有力量。啰哩啰嗦、滔滔不绝的表达令人厌恶。

7. 一成不变

述标时从头到尾不改变你的语气语调、语速、音量和表情，像机器人的表达，让招标人领导和评标委员会看不到你的热情。

5.2.6 常见视听设备的运用

1. 计算机投影仪

计算机制作PPT文件或PDF文件可插入动画、插图、音频、视频，配合现场的音视频器材，可以让表达更加丰富多彩，用更生动有趣的表达让招标人领导和评标委员会更容易接受我们的产品和方案。PPT文件或PDF文件每页要点不要太多，字数也不要太多，前后页面字体尽量保持一致。有条件的话，事先对设备进行兼容性调试，检查PPT文件或PDF文件能否正常打开，格式有没有乱码，音视频文件和动画是否都能够正常打开。没有条件进行事先调试的，PPT文件或PDF文件在自己单位多试几台计算机看能否正常打开，音视频文件和动画能否正常打开。去现场多带几个不同格式文件的U盘。检查激光笔是否能够正常使用、电池是否充满电。

2. 大白板/翻板纸

大白板是计算机投影仪的最佳伴侣，它的特点是可以随时擦写，是最灵活的视听设备，是计算机投影仪的最好补充。记住不要边说边写，说话时不要背对大家，身体不要挡住大家的视线，字要够大让所有人都可以看清楚。翻板纸也可以很灵活地表达，而且前面写的内容，后面不会擦掉。如果所述内容需要反复回顾，翻板纸将是一个很好的选择。

3. 挂图

挂图的特点是可以提前制作得很精美，还可以反复使用。

4. 散页资料

打印好的散页资料可以在想让招标人领导和评标委员会看的时候再发放，不想让他们看的时候先不发放，以免他们分心，不能专心听我们述标的内容。有些内容我们提前准备了，但要视现场情况决定是否发放，也应该事先打印散页资料备用。散页资料注意尽量简洁、打印清晰。

5. 动画音视频

可以利用现场其他视频音响设备，播放动画音视频资料，让述标更生动、更有冲击力，还可以利用一些转换时间、空白时间播放事先制作好的关于企业文化的音视频资料。插入PPT文件或PDF文件里面制作链接、动态放映也是很好的做法。

6. 实物样品展示

表达产品时要自信，对招标人和评标委员会进行感官刺激，可增进招标人和评标委员会对我们的信任。

7. 话筒的使用

话筒可以分为固定话筒、手持无线话筒和无线胸麦。话筒使用前记得要试一下声音的大小，直接喊话试音在此场合并不合适，可以试试用手指轻拍话筒试音。在自己单位可以多练练这种试音方法。固定话筒和手持话筒都不要挡住自己的脸。未进行述标的时候要记得关掉话筒，曾经有人在这样的情况下泄露了本单位的商业秘密。

8. 使用提示

不要过于依赖记忆。在PPT文件或PDF文件的边角处设置一些特殊的符号，提醒自己在这个地方要穿插一点什么动作或话语，比如用一个小五角星提示自己这里要插入一段视频。

不要对着PPT文件或PDF文件念原稿，记住每张PPT的关键字词，用自己的习惯语言进行表达。这些关键字词可以以加粗或标记不同颜色的方式提醒自己,不至于遗忘本张PPT的重点内容。

用小抄卡片写上本次述标的提纲,还可以加上重要内容,不时拿出来看一下,以避免述标时漏掉某些重要内容。特别是述标总结前看一眼,以作完整的、重点突出的总结。

5.3 述标答辩与控场技巧

5.3.1 开场

1. 尽可能地争取机会倾听前面投标人的述标演讲,然后截取其演讲内容中的某个片段信息很自然地引入自己想讲的内容。这种入题的能力,直接定位了你在招标人领导和评标委员会心目中的实力和地位。

2. 如果曾经与在座的招标人领导和评标委员会有过接触和沟通的,述标内容尽量关照到他们的关切,但不要在这个场合跟他们打招呼,暴露你与他们的亲密关系。

3. 有时候可以直接以向听众发问的形式开场,吸引他们的注意力,也可以直接讲个故事、抛个梗来开场。

5.3.2 留意听众反应

1. 与听众保持目光交流,观察他们的身体语言和微表情,寻找他们感兴趣的信号。如果某领导或评标委员会本来交叉双手半躺着听我们述标时突然坐直了身体,睁大了眼睛,显然这部分内容是他特别想要听到的。

2. 确保你的内容切题。本来坐在那里很认真地听我们述标的招标评标委员会领导和评标委员会突然松懈了下来,左顾右盼,或者有其他不耐烦的动作,可能是这部分内容讲得不好,甚至出错,或者不是他所关心的内容,后期总结的时候就不必再讲述这部分内容。

3. 述标要有激情,情绪饱满,语气语调抑扬顿挫,以抓住听众的注意力。而且情绪是会传染的,正向的、有能量的述标会给招标人留下非常好的印象。而述标的评分环节基本上是主观评分的环节,这对于我们在评标环节获得高分是事半功倍的。

4. 向招标人领导和评标委员会问一些普遍而直接的问题，获得对方的参与，把我们的单向推销（产品和方案）转换成我们和招标人一起努力来解决某一个问题（招标人需求）。

述标场合常见的听众身体语言：

（1）听众不停地玩弄手上的小物件，例如打火机、笔、小纸条等，这说明他内心紧张不安或对你所讲述的内容不是太感兴趣；

（2）听众皱眉，通常是他对你所讲述的内容表示怀疑或不屑；

（3）当听众瞳孔放大时，表示他被你所讲述的内容打动，已经准备接受或者正在考虑你的建议；

（4）听众回答你的提问时，眼睛不敢正视你，甚至故意躲避你的目光，表示他的回答是"言不由衷的"或另有打算；

（5）当听众突然面无表情，甚至是目光冷淡时，其实这是一种强有力的拒绝信号，表明你对他的说服方法没有奏效；

（6）当听众交叉双臂时，表明他可能有不同看法，也许与你的看法相反，也有可能表示他有一种优越感；

（7）当听众用手抚摸下颌时，他可能是在思考你所讲述的内容，准备作出决定；

（8）和听众沟通时，他下颌部突然往上突出，鼻孔朝着你，表明他想以一种居高临下的感觉来和你沟通；

（9）听众突然低头揉眼，这可能表明他企图要掩饰他的真实意图，当然，也有可能是真的眼睛不舒服；

（10）听众不时看表，说明他不想继续听下去或有事要离开；

（11）听众突然将身体转向门口方向，表示他希望述标早点结束；

（12）听众用手摸后脑勺，表示正在思考或有些紧张；

（13）听众用手轻轻按着额头，是困惑或为难的表现；

（14）听众紧闭双目，低头不语，并用手触摸鼻子，表示他犹豫不决；

（15）听众抓脖子，表示他犹豫不决或心存疑虑。

5.3.3 回答问题

1. 听清楚对方的问题

繁体的"聽"表示我们在倾听对方讲话的时候要足够尊重,把对方像"王者"一样地对待。同时要积极地保持眼神交流、专注地倾听对方的话语与情绪,以及判断对方的身体语言。

集中注意力,保持同理心,试着理解对方问题的真正含义。

复述对方提问中的关键内容,以及没听太准确的地方,确认我们的理解没有问题。

保持头脑清醒,把注意力放在对方身上,努力跟上对方的思路。

2. 评标委员会常问问题

(1) 投标文件中所涉及的法律问题;

(2) 投标文件中所涉及的技术问题或商务问题;

(3) 投标文件中提到的某些数据的来源;

(4) 投标文件中提到的某些概念的解释。

所以在答辩中,述标人应对投标文件的内容了如指掌,包含承诺数据、投标依据、测算方式、保障机制等。对投标文件中涉及的相关法律法规、地方政策、行业标准等,述标人也需要有明确的认知,同时述标人对投标文件中所包含的作业常识、实施方案、技术性指标都要有一个清晰的思路。

例如,深圳某医疗项目的述标重点问题就是:

(1) 因本项目是政府工程,包含三个子项目,各项目的设计单位和使用方均不同,对项目的进度可能产生一定的影响,投标人简述在此情况下确保按发包人工期要求完成项目的管控措施。

(2) 本项目所在地形属于山地,请简述边坡处理措施及安全防护措施。

(3) 针对施工难度较大的大跨度钢筋混凝土结构施工专项技术分析。

(4) 施工现场为山地,施工便道的布置策略,现场物料运输问题。

(5) 投标人对本项目的品质定位,如何在满足工期要求的前提下,保证质量达标并做好安全文明施工相关管理。

表5-1是某外企公用建筑EPC工程总承包项目的达标评分表(即评标委员会问题清单)。

某外企公用建筑EPC工程总承包项目述标评分表

表5-1

序号	评分因素及评审标准	分值（分）	评分
1	投标人本项目拟派执行团队主要成员的资质、履历是否合格以及他们是否有类似的大型商业项目的充分的施工管理经验，该经验是否有助于本项目在西安的顺利实施；如投标人拟派的项目管理团队成员之前无在西安的项目经验，投标人是否能够说明他们将如何充分了解西安当地的市场情况、项目面临的一般性制约问题，以及如何协调与当地政府、市政关系	25	
2	在本项目施工期间，相邻的皂河公园侧也会进行施工。投标人是否注意到和相邻场地的协调工作，并在施工平面布置和施工措施计划中充分考虑这些不利因素和相应的处理措施。例如，北侧的临时围墙，如果一次性都建在红线位置，则在皂河公园侧开展文物挖掘工作时，很有可能会被破坏，所以北侧的临时围墙可能需要分几次设置；在开展土方外运工作时，可能会和皂河公园侧的土方外运相互影响，等等	5	
3	对于施工材料的使用，投标人的材料审批、采购、进场、抽样送检、过程检查、验收必须遵守业主制订的流程要求。投标人是否从主观自律性方面、内部自控制度、人员责任等方面详细说明了他们将如何确保采购、进场、使用的材料符合业主/设计所制订的技术规格要求？对于采购、进场、使用未经批准的材料，投标人是否有内部控制的惩罚措施	5	
4	投标人是否采取了保护措施以防止在施工过程中地源热泵热响应测试竖井损坏；现场布置有3个地源热泵热响应测试竖井，这3个竖井将来也会作为永久性地源热泵竖井使用	5	
5	投标人是否根据本项目目前的设计提供消防卷帘详细的安装方案，特别是大跨度的消防卷帘（本项目设计有跨度大于12m的消防卷帘，部分卷帘的跨度达到17m）	5	
6	对于地下室大底板等大体积混凝土的施工，投标人是否在施工中采取了抗裂措施来控制、减少裂缝的产生[包括所选用的工艺、掺和材料（如有）的种类、比例等必要的技术说明或计算材料]	5	
7	投标人是否提及在清水混凝土模板中，尤其是柱子的根部，混凝土临界侧压力非常大，如何确定混凝土有效压头以保证柱子根部表面平整度	5	
8	投标人是否注意到地下室顶板完成后，设置临时运输通道，对已完成混凝土结构的加固中，如何界定混凝土结构（尤其是地下室顶板）除受压力外完全不受其他力的影响？（以往工程中混凝土楼板在施工过程中在加固状态下作为临时通道后，在工程完成后几乎全部出现大范围的裂缝）即加固体系完全承受施工活荷载，混凝土结构只是局部受压并将荷载直接传递到加固构件上	5	
9	投标人是否有足够措施避免钢筋混凝土结构中钢骨构件（尤其是柱子的钢骨）的错位以及是否预备调整措施。因为是两个专业分包施工，标高不一致及偏差积累会造成这种错位，但压应力、拉应力处的隔板及过筋孔的位置已经固定，调整难度很大	5	

第5章 述标答辩

续表

序号	评分因素及评审标准	分值（分）	评分
10	工程竣工验收通过之后的工程保修管理计划，购物中心开业期间的保驾护航详细计划	5	
11	投标人如何在内部控制流程上确保现场施工班组所使用的图纸是业主、管理公司、设计确认的最新版的设计图纸	3	
12	投标人是否提供了结构施工过程中大型吊装机具及吊装绳索、吊装工具的安全验算	3	
13	投标人是否提供了大体积混凝土裂缝控制工程的计算内容及冬期施工如何确保硬化地面的施工方案	3	
14	投标人是否结合本项目的防水设计，提供了冬期施工时防水施工质量的控制、保证措施	3	
15	投标人方案是否结合主体结构、屋面防水、排水的施工，提供了屋顶设备基础（包括冷却塔、消防排烟风机、厨房排油烟风机、AHU、空气源热泵机组、太阳能光伏板等各种主要设备的基础）的施工方案	3	
16	投标人是否结合整个项目的施工计划安排（基坑开挖、回填、室外小市政管线施工等）提供了地源热泵室外埋地换热管竖管、水平管的施工计划安排	3	
17	投标人在机械设备配置中，是否提供了产能信息及需用量计算，以及保障进度措施（含各种设备的需用量综合计算；挖掘机生产率及需用数量的计算；压力机碾压生产率的计算；运土车辆生产率及需求数量的计算；雨期排水机械需用台数的计算；各种加工机械需用量的计算；混凝土泵车泵生产率及需用量的计算等）	3	
18	投标人在施工劳务人员安排及其生产能力方面是否有详细描述，比如本项目的建筑、结构、机电安装的生产效率（例如，地下室底板钢筋算下来平均一个钢筋工一天能扎几吨板钢筋？框架结构一个木工平均能够支设多少平方米的模板，钢筋混凝土结构中的模板施工效率是多少？木工抹灰、装饰装修中的刮腻子等工种的施工效率有没有描述）	3	
19	投标人是否根据项目的总体进度安排，提供了专业分包的场地移交以及保证运输通道，以及在现场非施工区域的临建搭设需考虑进行夜间施工检查的管理公司、监理值班人员的休息室等具体的保障措施和方案	3	
20	投标人的工作范围包括水土保持审批的配合工作，包括及时办理提供渣土证、土方约定协议等。投标人是否根据当地的要求对水土保持审批的具体配合工作进行了阐述	3	
合计		100	

下面是一个电梯采购项目的投标人总结的经常遇到的评标委员会问题清单：

（1）贵品牌的优势是什么？

（2）市场上，贵品牌的品牌知名度是不是没有××高？

（3）贵司国内及全球市场占有率是多少？

（4）贵司产品的优缺点分别是什么？

（5）最近几年，贵司是否有更先进的技术或产品？

（6）针对电梯噪声及振动指标，有什么具体优化措施？招标文件要求的指标，其他品牌均未提出异议，贵品牌为什么无法满足？

（7）前期合作项目，噪声问题比较严重，特别是机房噪声、运行噪声，原因是什么？

（8）贵品牌的HGE梯型是不是贵品牌最低档的梯型？比起HGP和MCA有什么区别？

（9）贵品牌的非标装饰轿厢、厅门为什么比其他厂家贵？为什么不能做复合厅门？

（10）仅微调装饰重量，为什么价格与原来相差那么大？其他品牌只是加了对重块价格，贵品牌价格与其他品牌却相差数倍。

（11）贵品牌的安装是自己公司安装的吗？有没有安装分包或外包的情况？

（12）贵品牌的工程公司，安装人员配置情况如何，安装人员是否为贵品牌公司自有人员？如多个项目同时进行安装或单个项目同时多台电梯进行安装，如何安排施工队伍？是否会出现人手不足的情况？如有，如何解决？

（13）贵司觉得在安装工程配合方面，有哪些方面是需要重点关注的？容易出现哪些工程问题？贵司如何有效规避这些问题？

（14）项目经理的资历如何？如果项目经理身兼多个项目，如何协调各项目安排？

（15）如何与总包、机电、弱电、消防、精装修等单位进行配合？施工重点、难点是什么？

（16）安装管理人员、施工人员的现场办公、住宿问题是什么？

（17）施工过程中如何做好成品保护？

（18）贵品牌的维修保养是自己的公司维修保养还是交给代理商维修保养？贵品牌维修保养的优势是什么？

（19）贵司在××地区现有的保养台量有多少？简单介绍一下贵司保养架构及人员配置情况。

（20）贵司在××地区是否有设置配件仓库？仓库的位置在哪里？仓库的规模如何？

（21）维修保养能否驻点？维修保养服务响应时间是多久？多久可以解决电梯故障？

（22）质量保修期满后，如非贵司负责后续维修保养，贵司会如何配合？

（23）前期跟你们合作的项目，你们后期的服务、专业性不够，故障率较高，是否有有效的改善措施？

（24）以往合作项目，贵司盖章时间过长（最短1个月左右），贵司是否有详细有效的改善措施？

3. 答辩技巧

（1）回答提问

1）等一下。评标委员会的提问不要急着回答，忙中容易出错。不管什么问题，不管能不能回答，都不要慌。

2）查看问题的含义。想清楚评标委员会问题的真正含义。比如评标委员会说"你们的项目经理太年轻了！"你如果仓促地回答"二十八岁不算年轻吧，周总理二十六岁就当黄埔军校政治部主任了！"这样就不是好的处理方法。你应该想一下对方这么说的真正含义是不是担心项目经理经验不足、项目实施不够稳妥。你应该这样回答"我们这个项目经理虽然年轻，但他已经有了好几次同类项目的实施经验。再说我们单位的运作方式是团队运作方式，本项目团队里还有若干特别资深的技术经理和商务经理在配合他的工作。所以你们完全可以对这个项目的顺利实施落地放心。"

3）"这是一个非常好的问题。"在回答问题之前，先用这样的话语表达对评标委员会的尊重，同时给自己一个冷静思考对方问题真正含义的缓冲时间。

4）从容易的问题入手。如果评标委员会一连抛出好几个问题，不要按照评标委员会提问的顺序去回答，从最容易回答的问题开始回答。这样可以为回答困难问题争取到一点思考的时间，特别是需要其他人帮忙回答的困难问题，给他们争取到一些查阅资料的时间。

5）给对方一个完整的答案。可以通过给出一幅完整的画面或一张提前打印好的散页资料来进行回答。一些经常遇到的难点问题可以提前准备答案、打印散页资料。

6）简短、明了。回答问题应该保持简短、明确、清晰、到位。

（2）问题回答不上

1）请其他人回答。遇到回答不上来的问题，可以这样说"这部分是我们的技术经理王工在负责，我待会请他上来就这个问题做出详细的解答。"这样的话，你就可以继续讲其他问题，而那位王工就可以在下面赶紧查阅相关资料，准备待会上来补场。

2）之后回答。如果没有前述王工这样的援兵可以救场的，第二招是缓兵之计。就说"您这个问题很重要，很有独到之处，我这里就不占用大家的时间回答这么重要的问题了。明天下午3点之前，我会把针对这个问题的详细资料放到您的办公桌上。"

3）坦率。如果前面两招都不好使，就坦陈相关资料我们这次没有准备，我们会尽快想办法把资料给到大家。宁可坦诚以待，也不可胡说八道，传递错误的信息、事实、数据给招标人领导和评标委员会。

（3）面对反对意见

1）耐心地倾听。不能一听到反对意见就跳起来！这样会显得我们没底气，也没气量。耐心地听对方把话说完。

2）找出共同之处。虽然对方对我们存有不同意见，但是对方的话语里面总有一些和我们一致的地方，不妨对这些与我们一致的地方加以肯定，安抚对方的情绪，避免彼此走向对立。

3）对于双方不一致的地方，不要立刻反对，想好再说。如果确实是我们的产品和方案有问题，坦诚承认，但要迅速地把对方的注意力转向对更大范围、对整体利益的关注上面来。而且大多数事物都具有两面性，有弊就有利，也可以转换一个角度来谈这个问题。

4）平静、从容地复述我们的观点。人上一百，形形色色，人与人之间有不同的观点很正常，招标人领导和评标委员会都是能够理解的。

（4）有人故意挑衅

1）不要向他挑战！这种场合我们不可以与招标人领导和评标委员会进行口才比赛、智力竞赛。承认对方的权威性，给对方面子。

2）先看着他的眼睛。代表我们不怯场。如果你怯场，对方会得寸进尺。对方也许是你的竞争对手的关系、内线，不会轻易放过你。你不要怯场，让对方意识到我们给你面子，不是因为我们理亏，只是我们在这样的场合保持了足够的专业性和职业素养。

3）倾听。听对方把话讲完，不要打断对方的发言。

4）镇静、轻松地作出反应。复述我们的观点。

5）最终的目光不要给他。复述我们的观点后，最后结束的时候不要把目光停留在对方脸上，要迅速地看向其他评委——看起来对我们友善的评委、有发言征兆的评委，或者由我们的内线出面解围。如果你回答完问题仍把目光停留在对方脸上，对方可能又会砸过来第二个问题，这样很容易进入一种PK（竞争）的节奏，难以收场。我们是希望可以四两拨千斤地甩开他。一次摆脱不了，就两次；两次摆脱不了，就三次。你要相信故意为难你的评委只是少数，在座的招标人领导和评标委员会大多数还是遵守规则的。

（5）愿意帮助我们的人

1）招标人如有出于对我们的信任而愿意帮助我们的人，最好能占据传递问题的位置，这样有可能帮我们屏蔽掉一些对我们极为不利的问题。

2）适时提出对本方有利的问题。事先准备一些问题，让其伺机提出，借此机会可以在这个场合大大地宣传一番我们的优势与亮点。

3）有人故意刁难时，可以帮助我们解围。

（6）攻击竞争对手

1）不要直接攻击竞争对手，不能指名道姓，而是谈市场现象和大家都知道的一些事例，让招标人自己去联想。

2）根据竞争对手的弱点和招标人的关注点来进行攻击。把招标人关注的又恰好是我们的竞争对手有问题的地方，作为主攻方向。

3）用事实和数据证实竞争对手的弱点。切忌无中生有，胡编乱造。

4）以己之长攻彼之短。最好是招标人关注的，恰好又是竞争对手薄弱而我们强大的一些地方，放大我们满足招标人需求的能力。

5）从第三者的角度陈述竞争对手的失败案例、证据。借口其他单位人员告诉我们一些对竞争对手不利的事情，我们以对招标人负责的心态转告招标人。

6）自问自答。比如说"如果我们这样做，我们自己都不能容忍自己。"其实说的是我们的竞争对手就那样做了一些对招标人可能不利的事情。

7）"虽然……但是……"委婉攻击。比如说"虽然市场上有人在这部分材料上偷工减料、弄虚作假，但是我们绝不会同流合污，一定确保项目完成质量。"所有攻击行为，尽量委婉、间接，保持风度，减少在行业内树敌。

（7）反击竞争对手

1）用事实说话。列举成功案例、数据证明对方造谣。

2）被指问题——"请拿出证据来"。能拿出证据不容易，此招能逃过大多数攻击。

3）以攻为守。如果确实有证据证明我们有问题，可以直接指出竞争对手在这个问题上更加的不堪，或者攻击竞争对手有更严重的问题，转移招标人的注意力。

4）避实就虚。承认一些非实质性、边缘性的问题，模糊化那些实质性的问题以逃过对那些实质性问题的追究。

（8）配合的技巧

1）事先约定分工，以及棘手问题由谁应付。

2）约定默契的暗号，让述标团队成员能够及时看出你的困境。

3）希望团队成员帮助的时候要给他争取到尽量充分的准备时间。你可以先谈其他问题。

4）述标团队成员对于其中一段的述标内容和目的要互相清楚，便于互相及时补位。

5）述标过程中千万不要互相打断话题。哪怕是其他团队成员说错了话，也要等他说完后再找机会来更正。

6）如果是多人配合的团队述标，考虑把相对较弱的人放在中间时间段来讲，即强—弱—强（表5-2）。

述标安排表　　　　　　　　　　　　　　　表5-2

开始	结束	主题	部门/职位	姓名
8：30	8：35	公司情况及资质介绍	销售总监	Jason
8：35	8：50	投标产品及方案介绍	技术部经理	David
8：50	9：00	售后承诺及其他客户案例介绍	售后服务部	Zhangyu
9：00	9：20	产品现场演示	技术部经理	David
9：20	9：30	小结及答疑	销售总监	Jason
			技术部经理	David

5.3.4　总结发言

1. 确保在预定的时间里结束。不要无法讲完事先准备的内容，也不要浪费允许的述标时长而没能充分展示自己单位的产品和方案。要想掐准时间，需要在述标前多做几遍演练。

2. 见好就收，不要节外生枝。回答评标委员会问题如果顺利，就不要节外生枝地抛出新问题、引出新问题。

3. 述标的最后总结时段应该走到你的视觉工具前面，这时你才真正地成为这场述标的主角。其实在整个述标过程中，你都应该是个配角，而放映的PPT文件或PDF文件这些音视频资料才是主角。但总结的时候，你需要把招标人领导和评标委员会的注意力都抓回到你身上。

4. 如果允许，先回答问题，再做总结，中间停顿一下。

5. 总结时用最简短的语言重复述标文件中最重要的内容，包括最终希望招标人领导和评标委员会接受的观点。

6. 有利于本方的承诺可以再强调一次。

7. 最后真诚感谢招标人领导和评标委员会的辛苦付出。

本章附录：单位内部演练使用的述标表现评分表（表5-3）。

述标表现评分表　　　　　　　　　　　　　　表5-3

评价点	分值（分）	得分	评价
开场阶段			
自我介绍表达意图	5		
开场新颖或互动	5		
提出方案			
从招标人需求说起	10		
提出针对性方案	10		
说服过程			
转化成个性化好处	10		
对招标人的承诺	10		
回答问题			
解释澄清	10		
处理反对意见	10		
结束阶段			
配合度	5		
结语	5		
个人表现			
职业化形象	5		
语言表达	5		
肢体语言	5		
可信任度	5		

第6章 处理争议

在参与招标投标活动中，投标人如何利用法律武器打击对手、保护自己，是最高级的，也是最难的投标技巧。

如果开标后，我们自觉中标无望，我们的第一反应是不是就想扑上去掀掉这张桌子——让这场招标失败，重来！千万不要这么做。如果发现在这场招标投标活动中招标人或者任何投标人违法违规的操作，我们都可以投诉给行政监督部门，由他们宣布中标无效、招标无效，责令改正。责令改正多半就是重新招标。这样我们不就又有了参与这个项目并中标的机会？

如果评标后，我们在中标候选人的排序中排名第二，我们是不是应该尽力地在排名第一的投标人身上查找其有无任何违法违规的地方，不管是在这个项目中还是在以往的项目中，不管是今天还是过去，只要能找到他们的违法违规之处，我们都可以通过异议、质疑和投诉等法律程序，借助招标人之手或行政监督部门的力量，把这个第一名的中标资格取消，我们就可以中标了！

有的时候是我们在中标候选人中排名第一，而竞争对手又使用同样的手段，试图利用异议、质疑和投诉等法律程序取消我们中标资格的时候，我们要善于拿起法律武器说"我们虽然有这样那样的问题，但你们取消我们中标资格的法律依据不足，或者干脆就是于法无据或者适用法律错误！"

这种利用法律武器打击对手、保护自己的投标技巧，为什么说它是最难的投标技巧？

主要是因为我们作为一个投标人、一个企业人、一个单位人，是永远也不可能把招标投标领域里的法律、法规和政策理解得那么清楚。如果不是非常熟悉各领域、各地方的相关法律规定，你就没办法把处理争议的十八般法律武器用得得心应手。这些处理招标投标争议的法律规定和程序，除异议、质疑和投诉这几个最常用的法律规定和程序之外，还有检举、控告、仲裁等，如图6-1所示。

其中，行政复议和行政诉讼是专门用来处理行政争议的法律程序。

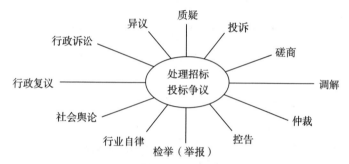

图6-1 处理招标投标争议的方法

招标投标争议主要分为两类（图6-2）：一类是民事争议，另一类是行政争议。民事争议是招标人、招标代理机构和投标人这些民事主体之间发生的争议。行政争议是上述民事主体和行政监督部门（行政主体）之间发生的争议。两类争议处理方法大有不同，如图6-1所示。

图6-2 招标投标争议的类别

6.1 招标投标法律体系的异议与投诉

6.1.1 异议

异议是招标投标法律体系里的专用法律名词。招标投标法律体系和政府采购法律体系各自的适用范围,如图6-3所示,在第1章开篇已讲过,此处不再赘述。

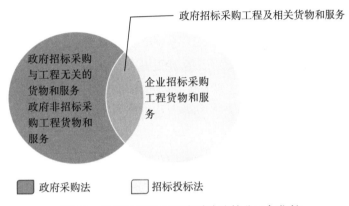

图6-3 招标投标法和政府采购法的分工与衔接

异议是投标人向招标方(招标人、招标代理机构)以书面的方式提出疑问、主张的权利。如果只是提出疑问,没有主张权利,那就不是异议,而是澄清,要求招标方澄清。异议必须是书面进行。异议可以捕风捉影,投诉才需要真凭实据。毕竟处理投诉需要动用政府的行政资源,不能浪费行政资源。

异议的法律要件如表6-1所示。

异议的法律要件 表6-1

	提出主体	受理主体	提出时间	澄清时间	形式要件
文件	潜在投标人或其他利害关系人	招标方(招标人或者招标代理机构)	截止前2日或10日	3日或15日(如有需要,顺延)	书面(传真、邮件)、实名、无格式要求、法定代表人授权
开标	投标人		开标现场	当场	
评标	投标人和其他利害关系人		公示期内	3日内	
其他(违法违规等)	(可不经异议直接投诉)				

（1）招标投标的异议分成四个小类别，分别是对招标文件或资格预审文件有意见、对开标过程有意见、对评标结果有意见和其他民事侵权行为。其中前三类异议是后期投诉的前置条件和前置程序，即这三类异议中没有经过异议的事项是不可以投诉的。但第四类异议，即对于侵害自己民事权利的行为，包括违法乱纪行为，可以直接向行政府监督部门投诉。

（2）有资格对招标文件或资格预审文件提出异议的主体是潜在投标人或其他利害关系人。潜在投标人就是招标文件或资格预审文件已经拿回去（下载或购买），但投标文件还没有递交的单位。投标文件或资格预审申请文件已经递交的是投标人。招标文件或资格预审文件还没拿回去的是无关人等，你都没看过招标文件或资格预审文件，怎么对它有意见？其他利害关系人，例如投标人投的是某个厂家的产品，他背后这个厂家就是其他利害关系人。该投标人中标，他背后这个厂家获益；该投标人没有中标，他背后这个厂家的利益也受损。

（3）有资格对开标过程提出异议的主体是投标人。已经开标了，不存在潜在投标人了。

（4）有资格对评标结果提出异议的主体是投标人和其他利害关系人。

（5）异议的受理主体是招标方。有招标代理机构的项目投标人的异议优先提交给招标代理机构，由招标代理机构负责答复。招标代理机构觉得异议的范围已经超出招标人对他们的授权范围的，由招标代理机构移交给招标人处理。没有招标代理机构的项目，投标人的异议可以直接提交给招标人。

（6）异议的时效规定非常重要。在我国，刑事法律责任都有时效，何况招标投标民事争议。错过了异议的时效，有道理也变成没道理，很多异议事项也失去了向行政监督部门投诉的机会。

投标人对于招标文件的异议必须在投标截止日期前10日内提出。如果只是投标人的不理解，招标文件并没有问题也不需要修改的，招标方的澄清答复发放给所有投标人即可。如果投标人的异议导致招标人修改了招标文件，那就要看投标人是否也需要相应地调整投标文件。如果招标人对招标文件的修改不导致投标人需要调整投标文件，例如只是把开标时间从上午改到下午，那就按原计划时间投标截止、开标；如果招标人对招标文件的修改导致投标人也需要调整投标文件，例如招标文件改变了技术要求，那就需要留足15日给投标人对其投标文件做相应调整，如果此时离投标截止日期时间已经不足15日，那就需要顺延开标直至留足15日给投标人调整投标文件。对于资格预审文件的异议必须在资格预审申请文件提交截止前2日提出，相应的招标人对于资格预审文件的澄清也需要在资格预审申请文件提交的截止时间前3日发布。

投标人对开标过程的异议必须当场提出，招标人的答复也应该是当场答复。不过此时招标人的答复不要轻易地作结论性答复，可以适当地做个回复，例如答复"收到异议，会做进一步的调查、再行处理。"

依法必须进行招标项目的投标人对于评标结果的异议必须在中标公示期间提出，非依法必须进行招标项目的异议提出时间可以参照执行，由招标方在招标文件中规定。招标方的答复是在收到异议之后3日内答复。

（7）异议必须是书面的、实名的、有法定代表人或单位负责人签字的，但没有格式要求。异议的格式可以参照政府采购项目质疑函的格式。

6.1.2 招标投标法律体系的投诉

向政府提出来的才能称之为投诉。

投诉必须书面提出。投诉必须有明确的要求并附有效的证据或线索，因为处理投诉开始动用行政资源，必须爱惜行政资源。捏造事实、伪造证据的投诉应当予以驳回，并给予行政处理。

投标人或其他利害关系人认为招标投标活动不符合法律规定的，可以自知道或者应当知道之日起10日内向行政监督部门投诉。就招标文件或资格预审文件、开标过程、评标结果提起投诉的，应当先向招标人提出异议，异议答复期间不计算在前款规定的期限内。所谓"应当知道之日"指的是：（1）资格预审公告或者招标公告发布后，投诉人应当知道资格预审公告或者招标公告是否存在排斥潜在投标人等违法违规情形；（2）投诉人获取资格预审文件、招标文件一定时间后应当知道其中是否存在违反现行法律法规规定的内容；（3）开标后投诉人即应当知道投标人的数量、名称、投标文件提交、标底等情况，以及是否存在法定禁止投标的情形；（4）中标候选人公示后应当知道评标结果是否存在违反法律法规和招标文件规定的情形；（5）招标人委派代表参加资格审查或者评标的，资格预审评审或者评标结束后，即应知道资格审查委员会或者评标委员会是否存在未按照规定的标准和方法评审或者评标的情况；（6）招标人未委派代表参加资格审查或者评标的，招标人收到资格预审评审报告或者评标报告后，即应知道资格审查委员会或者评标委员会是否存在未按照规定的标准和方法评审或者评标的情况等。

招标人是理所当然的其他利害关系人,所以招标人可以把所有自己无法解决的事情向行政监督部门投诉,包括评标委员会未严格按照招标文件规定的标准和方法评标,投标人串通投标、弄虚作假,资格审查委员会未严格按照资格预审文件规定的标准和方法评审,投标人或者其他利害关系人的异议成立但招标人无法自行采取措施予以纠正等,例如投标人或者其他利害关系人有关某中标候选人存在业绩弄虚作假的异议,经招标人核实后情况属实,而评标委员会又无法根据投标文件的内容给予认定,评标时缺少查证的必要手段,如果由招标人自行决定或者自行否决又容易被滥用,这时必须向行政监督部门提出投诉,由行政监督部门依法作出认定。

企业采购领域投诉的提出主体和受理主体如图6-4所示。

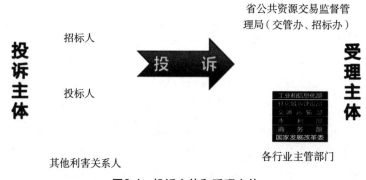

图6-4 投诉主体和受理主体

投诉书必须由单位负责人、法定代表人或他们的授权代表签字并盖章。按法律规定应先提出异议才能进行投诉的事项,应当附上提出异议的证明文件。招标投标法律体系的投诉书没有格式要求,可以参照政府采购项目的投诉函格式。

按照相关法律规定,工程建设项目招标投标活动中的下列投诉将不被受理:(1)投诉人不是所投诉招标投标活动的参与者,或者与投诉项目无任何利害关系;(2)投诉事项不具体,且未提供有效线索,难以查证的;(3)投诉书未署具投诉人真实姓名、签字和有效联系方式的;以法人名义投诉的,投诉书未经法定代表人签字并加盖公章的;(4)超过投诉时效的;(5)已经作出处理决定,并且投诉人没有提出新的证据的;(6)投诉事项应先提出异议没有提出异议,已进入行政复议或者行政诉讼程序的。

对于投诉处理结果：（1）投诉缺乏事实根据或者法律依据的，或者投诉人捏造事实、伪造材料或者以非法手段取得证明材料进行投诉的，驳回投诉；（2）投诉情况属实，招标投标活动确实存在违法行为的，依法处罚。

6.2 政府采购法律体系的质疑与投诉

有资格对政府采购项目提出质疑和投诉的主体如图6-5所示。

图6-5 对政府采购项目提出质疑和投诉的主体

其中，潜在供应商只能对已依法获得的采购文件提出质疑。

2018年施行的《政府采购质疑和投诉办法》第一次提出，允许投标人委托代理人进行政府采购项目的质疑和投诉。这个代理人可以是单位的法律顾问，也可以是任何其他民事主体。这就极大地解放了投标人的时间和精力，也弥补了招标投标双方经营人员对于相关法律知识的陌生和不足。

受理政府采购项目的质疑和投诉的受理机关分别是采购人和财政部门，如图6-6所示。

图6-6 政府采购质疑和投诉的受理主体

6.2.1 质疑

质疑和异议其实是一回事，都是投标人向招标方提出疑问、主张权利。只是在不同的领域有不同的叫法。质疑是政府采购法律体系的专用法律名词。质疑和询问的区别是有没有主张权利。质疑和异议的主要区别是时效规定的不同。投标人认为招标文件或资格预审文件、招标过程和中标结果使自己的权益受到损害的，可以在知道或者应知其权益受到损害之日起7个工作日内，以书面形式向招标方提出质疑。所谓"应知其权益受到损害之日"是指对招标文件或资格预审文件提出质疑的，收到文件或文件公告期限届满之日；对招标过程提出质疑的，招标程序各环节结束之日；对中标结果提出质疑的，中标结果公告期限届满之日。政府采购项目的招标公告、资格预审公告的公告期限为5个工作日。中标公告期限为1个工作日。这些期限是专门提供给招标投标各方计算时效用的，不是真正的公告时长，真正的公告时长会更久一点。

招标人应当在收到投标人的质疑后7个工作日内作出答复，并以书面形式通知质疑投标人和其他有关投标人，但答复的内容不得涉及商业秘密。质疑或询问事项可能影响中标结果的，招标人应当暂停签订合同；已经签订合同的，应当中止履行合同，等候处理。投标人的质疑和投诉都应当有明确的请求和必要的证明材料，且投标人的投诉事项不得超出已质疑事项的范围。

招标人认为投标人质疑不成立，或者成立但未对中标、成交结果不构成影响的，继续开展采购活动；认为投标人质疑成立且影响或者可能影响中标、成交结果的，按照下列情况处理：

对采购文件提出的质疑，依法通过澄清或者修改可以继续开展采购活动的，澄清或者修改采购文件后继续开展采购活动；否则应当修改采购文件后重新开展采购活动。

对采购过程、中标或者成交结果提出的质疑，合格投标人符合法定数量时，可以从合格的中标或者成交候选人中另行确定中标、成交投标人的，应当依法另行确定中标、成交投标人；否则应当重新开展采购活动。

政府采购质疑函样本格式可以在财政部官网下载。

政府采购质疑函范本

一、质疑供应商基本信息

质疑供应商：

地址：　　　　　　　　　　邮编：

联系人：　　　　　　　　　联系电话：

授权代表：

联系电话：

地址： 邮编：

二、质疑项目基本情况

质疑项目的名称：

质疑项目的编号： 包号：

采购人名称：

采购文件获取日期：

三、质疑事项具体内容

质疑事项1：

事实依据：

法律依据：

质疑事项2

……

四、与质疑事项相关的质疑请求

请求：

签字（签章）： 公章：

日期：

6.2.2 政府采购法律体系的投诉

政府采购法律体系的投诉只能由投标人（供应商、潜在供应商及他们所委托的代理人）提出，与其他利害关系人无关。其他民事侵权行为、违法乱纪行为不走投诉程序，应该直接向财政部门检举或向司法机关控告。

质疑投标人对招标方的答复不满意或者招标方未在规定的时间内作出答复的，可以在答复期满后15个工作日内向本预算层级的政府采购监督管理部门投诉。未经过质疑的事项是不能投诉的。

政府采购法律体系的投诉书有严格的格式要求。政府采购投诉书样本格式可以在财政部官网下载。

政府采购投诉书范本

一、投诉相关主体基本情况

投诉人：

地　址：　　　　　　　　　　邮编：

法定代表人/主要负责人：

联系电话：

授权代表：　　　　　　　　　联系电话：

地　址：　　　　　　　　　　邮编：

被投诉人1：

地　址：　　　　　　　　　　邮编：

联系人：　　　　　　　　　　联系电话：

被投诉人2

……

相关供应商：

地　址：　　　　　　　　　　邮编：

联系人：　　　　　　　　　　联系电话：

二、投诉项目基本情况

采购项目名称：

采购项目编号：　　　　　　　包号：

采购人名称：

代理机构名称：

采购文件公告：是/否　　　　公告期限：

采购结果公告：是/否　　　　公告期限：

三、质疑基本情况

投诉人于____年__月__日，向_____提出质疑，质疑事项为：

采购人/代理机构于____年__月__日，就质疑事项作出答复/没有在法定期限内作出答复。

四、投诉事项具体内容

投诉事项1：

事实依据：

法律依据：

投诉事项2

......

五、与投诉事项相关的投诉请求

请求：

签字（签章）：　　　　　公章：

日期：

政府采购监督管理部门应当在收到投诉后30个工作日内，对投诉事项作出处理决定，并以书面形式通知投诉人和与投诉事项有关的当事人。政府采购监督管理部门在处理投诉事项期间，可以视具体情况书面通知采购人暂停采购活动，但暂停时间最长不得超过30日。

投诉人提起投诉应当符合下列条件：（1）提起投诉前已依法进行质疑；（2）投诉书内容符合《政府采购质疑和投诉办法》的规定；（3）在投诉有效期限内提起投诉；（4）同一投诉事项未经财政部门投诉处理；（5）财政部规定的其他条件。

政府采购项目投诉处理结果有以下法律规定：

《政府采购质疑和投诉办法》第三十一条　投诉人对采购文件提起的投诉事项，财政部门经查证属实的，应当认定投诉事项成立。经认定成立的投诉事项不影响采购结果的，继续开展采购活动；影响或者可能影响采购结果的，财政部门按照下列情况处理：

（一）未确定中标或者成交供应商的，责令重新开展采购活动。

（二）已确定中标或者成交供应商但尚未签订政府采购合同的，认定中标或者成交结果无效，责令重新开展采购活动。

（三）政府采购合同已经签订但尚未履行的，撤销合同，责令重新开展采购活动。

（四）政府采购合同已经履行，给他人造成损失的，相关当事人可依法提起诉讼，由责任人承担赔偿责任。

第三十二条　投诉人对采购过程或者采购结果提起的投诉事项，财政部门经查证属实的，应当认定投诉事项成立。经认定成立的投诉事项不影响采购结果的，继续开展采购活动；影响或者可能影响采购结果的，财政部门按照下列情况处理：

（一）未确定中标或者成交供应商的，责令重新开展采购活动。

（二）已确定中标或者成交供应商但尚未签订政府采购合同的，认定中标或者成交结果无效。合格供应商符合法定数量时，可以从合格的中标或者成交候选人中另行确定中标或者成交供应商的，应当要求采购人依法另行确定中标、成交供应商；否则责令重新开展采购活动。

（三）政府采购合同已经签订但尚未履行的，撤销合同。合格供应商符合法定数量时，可以从合格的中标或者成交候选人中另行确定中标或者成交供应商的，应当要求采购人依法另行确定中标、成交供应商；否则责令重新开展采购活动。

（四）政府采购合同已经履行，给他人造成损失的，相关当事人可依法提起诉讼，由责任人承担赔偿责任。

投诉人对废标行为提起的投诉事项成立的，财政部门应当认定废标行为无效。

投诉人对政府采购监督管理部门的投诉处理决定不服或者政府采购监督管理部门逾期未作处理的，可以依法申请行政复议或者向人民法院提起行政诉讼。

6.3 其他处理招标投标争议的方法

6.3.1 检举

检举又称举报，是将违法乱纪证据、线索举报给纪检监察部门，由他们按照党纪国法进行调查、处理。2022年2月中共中央、国务院发布《信访工作条例》。

2023年3月《党和国家机构改革方案》发布，组建了一个新的党中央职能部门——中央社会工作部，负责统筹指导人民信访工作。中央社会工作部统一领导国家信访局。国家信访局由国务院办公厅管理的国家局调整为国务院直属机构。信访工作在新时代得到极大的重视。以后信访部门可能会成为一个统一接受检举（举报）的窗口部门，凡是信访工作中遇到涉及诉讼权利救济的事项由信访部门转政法部门处理，遇到检举控告事项由信访部门转纪检监察机关处理。但是目前各省关于信访部门和纪检监察机关的分工进展不一，投标人现在遇到问题需要检举（举报），可以同时向信访部门和纪检监察机关检举（举报）。

《信访工作条例》（2022年1月24日中共中央政治局会议审议批准 2022年2月25日中共中央、国务院发布）

第三十条 对信访人提出的检举控告类事项，纪检监察机关或者有权处理的机关、单位应当依规依纪依法接收、受理、办理和反馈。

党委和政府信访部门应当按照干部管理权限向组织（人事）部门通报反映干部问题的信访情况，重大情况向党委主要负责同志和分管组织（人事）工作的负责同志报送。组织（人事）部门应当按照干部选拔任用监督的有关规定进行办理。

不得将信访人的检举、揭发材料以及有关情况透露或者转给被检举、揭发的人员或者单位。

6.3.2 控告

向检察院和公安局刑侦部门举报违法线索，由他们进行侦查、调查，并起诉到法院，寻求司法判决。提起控告之前，你需要收集相关证据来支持你的指控，包括书面文件、合同、通信记录、视频、照片等。必要时，寻求法律人士的帮助。

6.3.3 仲裁

仲裁是双方将自己的争议提交给仲裁委员会进行裁决。

国外流行请仲裁委员会仲裁解决问题，是因为仲裁效率高、成本低、更灵活、保密性好，而且仲裁委员还往往在所仲裁的项目领域比法官专业。但国内因为习惯和基于对仲裁委员会公信力的疑虑，大家还是更喜欢采用法院的司法判决。

6.3.4 行政复议和行政诉讼

1. 行政处理

招标投标争议中的行政处理，是指行政监督部门（行政主体）为了实现招标投标相关法律、法规和规章所规定的管理目标和任务，而依行政相对人的申请或依自身职权处理涉及特定行政相对人的某种权利义务事项的具体行政行为。在招标投标争议中，行政相对人包括招标人、投标人、招标代理机构及其他相关自然人。行政处罚属于行政处理其中的一种形式，它是行政监督部门行使行政权力对行政相对人违反招标投标相关管理规定与秩序但尚未构成犯罪的违法行为，依法给予制裁的行政行为。

行政处罚的种类包括：警告；罚款；没收违法所得、没收非法财物；责令停产停业；暂扣或者吊销许可证、暂扣或者吊销执照；行政拘留；以及法律、行政法规规定的其他行政处罚。

2. 行政复议

招标投标争议中的行政复议，是指招标投标的民事主体对招标投标行政监督部门的行政处理决定不服，而向更高级别的行政机关寻求重新处理的一种制度安排。

招标投标争议行政复议的申请人：被行政处理的招标人、投标人、招标代理机构及其他相关自然人，包括相关单位直接负责招标投标工作的主管人员和其他直接责任人员。

行政复议的被申请人：作出行政处理决定的行政监督部门。

处理主体：行政监督部门的本级人民政府或上级主管部门。

3. 行政诉讼

招标投标争议中的行政诉讼是参与招标投标活动的民事主体认为招标投标行政监督部门的行政行为违法，向人民法院请求通过审查其行政行为合法性的方式来解决争议的一种制度安排。可以先申请行政复议，再申请行政诉讼；也可以不经过行政复议直接提起行政诉讼。

招标投标争议行政诉讼的当事人：

（1）原告

招标投标争议行政诉讼的原告是认为招标投标行政监督部门或监管部门的工作人员的行政行为侵犯其合法权益的招标人、投标人、招标代理机构及其他相关自然人。

（2）被告

未经行政复议直接诉讼的，作出具体行政行为的行政监督部门是被告。经过行政复议的案件，复议机关决定维持原具体行政行为的，作出原具体行政行为的行政监督部门是被告；复议机关改变原具体行政行为的，复议机关是被告。

（3）第三人

在招标投标争议行政诉讼中，同提起诉讼的具体行政行为有利害关系的其他公民、法人或者组织，可以作为第三人申请参加诉讼，或者由人民法院通知其参加诉讼。

处理主体：有管辖权的人民法院。

例：曾经号称"中国招标第一案"的格力空调的质疑、投诉、行政复议、行政诉讼全流程介绍

在广州市政府采购中心组织的一次投标中，广州格力空调销售有限公司以最低的出价成为"中标候选供应商"，不料集中采购机构组织评标委员会"复评"，其结果却是一家出价最高的供应商中标。广州格力空调销售有限公司向广州市番禺区财政局投诉两次被驳回，遂将维持其处理决定的广州市财政局告上法庭。广州市天河区法院一审开庭审理了此案。

原告诉称，2××8年9月28日至2××8年10月29日期间，广州市政府采购中心对外发布了"'广州市番禺中心医院空调采购项目'子包二"公开招标的采购公告。

评标委员会对包括原告在内的5家投标供应商的投标文件进行检查、比较和分析后，一致推荐投标报价为1707万元的原告为排列第一的预中标供应商。

2××8年11月18日，广州市政府采购中心委托原先的评标专家对该采购项目的投标文件进行第二次评审和比较，并按照第二次评标结果确定中标供应商。同月21日，广州市政府采购中心在其网站上发布消息，报价金额2151万元的广东省石油化工建设集团公司中标。

为此，原告向广州市政府采购中心、广州市番禺区财政局提出质疑和投诉，广州市番禺区财政局驳回了原告的投诉请求。原告不服，向广州市财政局提起行政复议，广州市财政局撤销了广州市番禺区财政局的处理决定，责令其重新作出行政决定。

广州市番禺区财政局于2××9年6月8日在政府采购专家库中随机抽取7名专家组成核实小组，其核实结论为：原告的投标文件不符合招标文件中带星号指标的要求，广州市番禺区财政局据此驳回了原告的投诉。原告不服，再次向广州市财政局申请行政复议，广州市财政局维持了广州市番禺区财政局的决定。

一审判决结果，"格力你告错了！"广州格力空调销售有限公司确实把行政诉讼的被告搞错了。按照《中华人民共和国行政诉讼法》的规定"第五十九条　公民、法人或者其他组织向复议机关申请行政复议后，复议机关作出维持决定

的，应当以复议机关和原行为机关为共同被告，并以复议决定送这时间确定起诉期限"。所以广州格力空调销售有限公司不应该告广州市财政局，而应该告广州市番禺区财政局。

其实广州格力空调销售有限公司不管是有意告错还是无意告错，都做了一次很好的危机公关，在老百姓心目中树立了敢于较真的形象。

6.3.5 磋商和调解

1. 磋商

招标人和投标人双方协商谈判解决争议，是解决问题效率最高、成本最低的方式。

2. 调解

有时候双方协商谈判不成，请双方都信任的第三方出面斡旋，不失为解决问题的好方法。

6.3.6 行业自律

很多和招标投标相关的行业协会出台了很多团体标准，这些团体标准在解决本团体成员之间的争议时，可以作为依据。不属于该团体成员的单位在解决招标投标争议的时候，也可以借鉴这些团体标准，并将其视为可以参考的行业惯例。

6.3.7 社会舆论

社会舆论是"核弹"级别的解决招标投标争议的方法。曾经武汉地铁二号线平面广告招标时，有未中标的投标人异议、投诉不成，转而向北京某报社寻求舆论支持，后期中共武汉市纪律检查委员会介入，在招标单位内部抓住一个部长，受贿100多万元，被判入狱多年。

 案例分析

本书第3章末尾提到的案例——重庆市白市驿隧道项目，在中标候选人公示（图6-7）的最后一天（12月23日）就有人到社会上掀起舆论风暴（图6-8），把中建三局污指为恶意低价抢标。试图利用舆论的压力，施压行政监督部门，希望借他们的手，以低于成本竞标的名义否决中建三局的中标资格。第二天中建三局就在自己官方公众号上发布"十大黑科技"予以反击（图6-9），表明自己的低价是以技术创新做支撑的。这就是利用社会舆论在做攻防。这个项目在中标候选人公示结束之后，一反常态，推迟公示中标结果，是因为有投标人在异议投诉。

中标候选人公示表

（公示期：2021年12月21日至2021年12月23日）

项目名称	白市驿隧道项目一期工程第1标段		最高投标限价（或招标控制价）（元）	1775697155.81元	
项目编号	50000120211105006010101				
招标人	重庆市城市建设发展有限公司		招标人联系电话	023-6859××××	
招标代理机构	重庆天廷工程咨询有限公司		招标代理机构联系电话	023-6360××××	
中标候选人排序	名称	投标报价（元）	工期（日历天）	质量	拟任项目负责人		
					姓名	证书名称	证书编号
第一名	中建三局集团有限公司	1009308441.3	1440	合格	杨××	市政公用工程专业一级建造师	鄂××××
第二名	中铁四局集团有限公司	1226094879.56	1440	合格	盛××	市政公用工程专业一级建造师	皖××××
第三名	中交一公局集团有限公司	1390370443.16	1440	合格	孙××	市政公用工程专业一级建造师	京××××
	第一中标候选人：中建三局集团有限公司 资质情况：市政公用工程施工总承包特级。 单位业绩情况：武汉市东湖通道（红庙立交-梅园）工程：合同价350881.3万元；隧道全长5260m；隧道标准净宽13m。 项目经理（杨××）业绩情况：武汉市东湖通道（红庙立交-梅园）工程：合同价350881.3万元；隧道全长5260m							

图6-7　中标候选人公示

图6-8　社会舆论

> 【抢鲜看】盘点！中建三局2021年自主研发"十大黑科技"强势返场！

图6-9　黑科技反击

本章案例分析

案例：稻城智慧景区建设项目——勘察、设计—施工总承包、监理招标

1. 招标条件

1.1 本招标项目稻城智慧景区建设项目已由四川省发展和改革委员会以川发改民经〔2014〕1123号批准建设，项目业主为稻城县文化旅游和广播影视体育局，建设资金来自申请中央投资和地方自筹解决，项目出资比例为100%，招标人为稻城县文化旅游和广播影视体育局。项目已具备招标条件，现对该项目进行公开招标。

1.2 本招标项目为四川省行政区域内的国家投资工程建设项目，四川省发展和改革委员会（核准机关名称）核准（招标事项核准文号为川发改民经〔2014〕1123号）的招标组织形式为委托招标。招标人选择（本招标项目在四川省发展和改革委员会指定比选网站上的项目编号为PF20150303002）的招标代理机构是华新项目管理有限公司。

2. 项目概况与招标范围

2.1 本次招标项目建设地点：稻城县城内亚丁景区、海子山景区、金珠镇、香格里拉镇、海子山至亚丁景区道路沿线、亚三路沿线、亚丁村、桑堆镇、傍河自龙村、茹布查卡、阿西风景区、黑海风景区、吉呷乡等。

2.2 工程规模：智慧旅游信息采集和感知工程、基础设施工程、应用平台、安防体系、救灾体系、农业新产品推广平台建设等。

2.3 工期：12个月。

2.4 招标范围：勘察、设计—施工总承包一个标段：进行本项目的勘察、设计、施工、整体移交等工程内容和工程保修期内的缺陷修复与保修工作；同时根据项目业主要求负责后期项目运行管理工作。监理一个标段：稻城智慧景区建设项目建设整个过程及保修阶段的监理服务。

2.5标段划分：本次招标勘察、设计—施工总承包一个标段，监理一个标段。

3. 投标人资格要求

3.1施工标段：本次招标要求投标人须具备独立的企业法人资格，具备建设行政主管部门颁发的建筑企业建筑智能化工程专业承包一级资质或电子与智能化工程专业承包一级资质；具备工程勘察（岩土工程）专业乙级及以上资质；具备建设行政主管部门颁发的建筑智能化系统设计专项甲级资质；投标人2012年以来具有1个5000万元及以上的计算机信息系统集成施工类似业绩；投标人2013年以来具有1个信息化设计类似业绩，并在人员、设备、资金等方面具有相应的能力。 监理标段：本次招标要求投标人须具备独立的企业法人资格；至少2个类似项目监理业绩（类似项目指信息系统工程）。

3.2本次招标勘察、设计—施工总承包标段接受联合体投标。联合体投标的，应满足下列要求：联合体成员不超过3家，并且要求以建筑智能化工程专业承包一级资质或电子与智能化工程专业承包一级资质的单位作为牵头人，成员设计单位必须具备建筑智能化系统设计专项甲级资质，联合体各方须签订联合体投标协议书，明确联合体牵头人和各方权利及义务。监理标段不接受联合体投标。

4. 招标文件的获取

4.1凡有意参加投标者，请于2015年11月5日至2015年11月9日，每日上午9：00时至12：00时，下午14：00时至17：00时（北京时间，下同），在稻城县金珠镇亚卓街13号一楼持下列证件（证明、证书）购买招标文件：（1）购买人有效身份证及单位介绍信；（2）注册于中华人民共和国的企业法人营业执照副本；（3）资质证书副本。潜在投标人或者其他利害关系人对招标文件有异议的应在投标截止时间10日前提出。

4.2招标文件每套售价150元，售后不退。图纸押金/元，在退还图纸时退还（不计利息）。

4.3招标人不提供邮购招标文件的服务。

5. 投标文件的递交

5.1投标文件递交的截止时间（投标截止时间，下同）为2015年11月25日10时30分，地点为四川省政府政务服务和公共资源交易服务中心（成都市人民中路三段33号）。

5.2逾期送达的或者未送达指定地点的投标文件，招标人不予受理。

6. 发布公告的媒介

本次招标公告在《四川省公共资源交易信息网》上发布。

7. 联系方式

招 标 人：稻城县文化旅游和广播影视体育局

地　　址：稻城县金珠镇俄初街32号

邮　　编：

联 系 人：何先生

电　　话：

传　　真：

电子邮件：

网　　址：

开户银行：

账　　号：

招标代理机构：华新项目管理有限公司

地　　址：成都市武侯区佳灵路5号红牌楼3号写字楼9楼912号

邮　　编：

联 系 人：彭先生

电　　话：

传　　真：

电子邮件：

网　　址：

开户银行：

账　　号：

2015年11月4日

稻城智慧景区建设项目异议及回复详见图6-10～图6-14。

关于稻城智慧景区建设项目项目勘察、设计—施工总承包中标人公示的质疑函

致： 稻城县文化旅游和广播影视体育局
　　 稻城县发展和改革局
　　 稻城县项目促进中心

领导您好，我公司参加了 2015 年 12 月 9 日于四川省公共资源交易服务中心开标的"稻城智慧景区建设项目勘察、设计-施工总承包项目"的投标。对于中标公示结果中的"太极计算机股份有限公司"的投标资格问题，我方提出投诉质疑。

本次"稻城智慧景区建设项目勘察、设计—施工总承包"招标文件第 13 页中第 1.4.3 条（9）款规定，投标人不得存在"在最近三年内有骗取中标或严重违约或重大工程质量问题"的情形。投标人不满足这项规定，是不具备本项目的投标资格的。

在凤凰、新浪、网易、腾讯等国内主流网络媒体上有大量关于 2013 年太极计算机股份有限公司存在骗取中标行为的报道。

具体情况：太极计算机股份有限公司于 2013 年在参加"福州站北站房客服系统集成工程施工"招标投标活动中，资格预审申请文件所提供部分铁路业绩及项目经理铁路营业线施工管理业绩系伪造，存在弄虚作假、骗取中标行为。

附从主流网站内容获取的铁总建设函〔2013〕297 号截图文件：

图6-10　稻城智慧景区建设项目异议函之一

鉴于是主流媒体发布的新闻，并附有相关的处理文件材料，具有相当大的真实性，则太极计算机股份有限公司不符合招标文件中规定的投标资格，其不应成为最终中标单位。

我公司恳请贵单位对太极计算机股份有限公司的投标资格进行严格核查，以确保此次招标投标的真实性、合法性，从而维护招标人和所有投标人的合法权益。

此致

质疑人：沈阳东软系统集成工程有限公司

二〇一五年十二月十一日

附：网络上关于对太极计算机股份有限公司报道的网址：

（1）凤凰财经

　　http://finance.

（2）新浪财经

　　http://finance.sina.com.

（3）网易财经

　　http://money.163.com

（4）腾讯财经

　　http://finance.qq.com

图6-11　稻城智慧景区建设项目异议函之二

关于稻城智慧景区建设项目项目勘察、设计—施工总承包中标人公示的质疑函

致： 四川省发展和改革委员会
　　四川省公共资源交易服务中心

领导您好，我公司参加了 2015 年 12 月 9 日于四川省公共资源交易服务中心开标的"稻城智慧景区建设项目勘察、设计—施工总承包项目"的投标。对于中标公示结果中的"太极计算机股份有限公司"的投标资格问题，我方提出投诉质疑。

本次"稻城智慧景区建设项目勘察、设计—施工总承包"招标文件第 13 页中第 1.4.3 条（9）款规定，投标人不得存在"在最近三年内有骗取中标或严重违约或重大工程质量问题"的情形。投标人不满足这项规定，是不具备本项目的投标资格的。

在凤凰、新浪、网易、腾讯等国内主流网络媒体上有大量关于 2013 年太极计算机股份有限公司存在骗取中标行为的报道。

具体情况：太极计算机股份有限公司于 2013 年在参加"福州站北站房客服系统集成工程施工"招标投标活动中，资格预审申请文件所提供部分铁路业绩及项目经理铁路营业线施工管理业绩系伪造，存在弄虚作假、骗取中标行为。

附从主流网站内容获取的铁总建设函〔2013〕297 号截图文件：

图6-12　稻城智慧景区建设项目异议函之三

稻城县文化旅游和广播影视体育局
关于稻城智慧景区建设项目勘察、设计—施工总承包中标人公示的质疑函的回复

沈阳东软系统集成工程有限公司：

贵公司 2015 年 12 月 11 日"关于稻城智慧景区建设项目勘察、设计—施工总承包项目质疑投诉"已收悉。招标人积极组织县住建局、县发改局、县项目促进中心等相关工作人员对贵公司提出投诉质疑的内容认真核实、调查、取证，并向太极计算机股份有限公司取证，现作如下回复：

一、关于投标人太极计算机股份有限公司不具备本项目的投标资格问题的回复

1. 贵公司质疑的"新建福州站北站房客服系统集成工程施工总价承包招标项目"的最终中标单位不是太极计算机股份有限公司，而是浙大网新系统工程有限公司。

2. 贵公司质疑的中国铁路总公司"关于太极股份投标弄虚作假行为的通报"，招标人向太极计算机股份有限公司

图6-13 稻城智慧景区建设项目异议回复函之一

反复取证和举证，太极计算机股份有限公司提供了2013年4月、8月、11月；2014年9月、10月开展并承担铁路系统的项目清单，在监督人员的见证下，查验了太极计算机股份有限公司开展并承担铁路系统的项目的招标文件、中标通知书、合同等原件真实有效。太极计算机股份有限公司近年来开展的项目招投标资格可信。在12月9日的评标过程中，在监督部门和省公共资源交易中心已将中国铁路总公司"关于太极股份投标弄虚作假行为的通报"质疑材料送达评标委员会，评标委员会发出了问题澄清通知（编号03）"请提供川发改招管〔2011〕1210号文件"，评标委员会没有采信质疑材料，而是采信了川发改招管〔2011〕1210号文件。

二、关于中标公示中对你公司废标理由成立，招标人采信评标报告

最后很感谢你公司对本项目的关注！收到此回复后若有异议，请在15日内向本项目原审批机关四川省发改委申诉。

稻城县文化旅游和广播影视体育局
2015年12月25日

图6-14　稻城智慧景区建设项目异议回复函之二

稻城智慧景区建设项目背景信息：

2012年3月，太极计算机股份有限公司（以下简称太极股份）发布公告称：近期，太极计算机股份有限公司参与了"石家庄至武汉客运专线河南湖北段客服信息系统项目"（以下简称石武客专项目）的公开招标投标，并于近日收到招标代理机构铁道部建设工程招标投标管理办公室发来的中标通知书，确认公司正式中标石武客专项目。而这也是太极股份在铁路旅服系统领域获得的第一单。公告显示，石武客专项目太极股份的中标金额为2.9400412126亿元。

2012年9月14日，太极股份公告中标金额为1.98亿元的铁道部"新一代客票系统一期工程项目"。

2012年10月10日，江西省公共资源交易网发布福州站项目标资格预审公告。公告要求：近五年（2008～2012年）内具有铁路建设项目铁路客服系统关键设备（窗口售票、自动售票、自动检票、补票等票务系统设备，旅客服务集成管理平台，网络和安全设备）的应用、供货业绩，且无不良反应；具有有效的安全生产许可证，安全质量状况稳定，有良好的企业社会信誉；申请人拟派项目经理要求：须具备信息及相关专业一级注册建造师执业资格和有效的安全生产考核合格证书，高级职称以上，5年以上铁路大中型或类似项目管理工作经验，具有3年以上的铁路营业线施工管理经验，3年以上项目经理工作经验，良好的职业道德，且未在其他在建工程项目任职。

2013年4月7日，江西省公共资源交易网发布"福州站项目招标评标结果公示"。拟中标单位为：太极股份。公示期间，投标人和其他利害关系人如对公示的评标结果有异议，可向南昌铁路局建管处（招标办）和监督部门举报。

2013年6月6日，在《中国铁路总公司关于太极计算机股份有限公司投标弄虚作假行为的通报》这份发给各铁路局、各铁路公司（筹备组）的通报中称：经查实，太极计算机股份有限公司在参加福州站北站房客服系统集成工程施工招标投标活动中，资格预审文件所提供部分铁路业绩及项目经理铁路营业线施工管理业绩系伪造，存在弄虚作假、骗取中标行为，违背了《中华人民共和国招标投标法》规定的公开、公平、公正和诚实信用的原则。根据《中华人民共和国招标投标法》及相关规定，取消太极股份计算机有限公司福州站北站房客服系统集成工程的中标资格；各招标人在一年内（2014年4月21日及以前发招标公告的所有铁路基建大中型项目），暂停接受太极股份所有铁路建设项目投标活动。

2013年6月8日，江西省公共资源交易网再次发布福州站项目招标评标结果公示显示：新建福州站北站房客服系统集成工程施工总价承包招标根据招标评审于2013年4月7日至2013年4月9日进行了结果公示，公示期间的异议已经铁路招标投标管理部门调查处理。目前拟中标单位为：浙大网新系统工程有限公司。

2014年2月19日，太极股份接受媒体采访时表示，"我们从来没有接到过所谓的处罚通知，2013年4月，公司找铁路局投标时才被告知，铁道部一年之内不让公司投标，直到2014年4月期满。"

新一代客票系统二期工程第一标段招标评审已结束，现将中标候选人公示

如下:

中标候选人名称:太极计算机股份有限公司。公示时间:自2014年10月16日至10月20日。

案例分析

1. 异议、质疑和投诉这些解决招标投标争议的法律手段选择开始的时候要慎重,但一旦选择开始,就要敢于一竿子插到底,不分出是非曲直来不罢手,半途而废不是好选择。这个项目中该投标人沈阳东软系统集成工程有限公司(以下简称东软公司)只提出了异议(该工程项目招标应该适用招标投标法律体系叫作异议,不应该叫作质疑),而不敢投诉,这不是可取的做法。开始之前多做一些背景调查,搞清楚当年虚假响应事件的来龙去脉,事情的严重性到底如何,当年是如何处理的。2012年1月《招标投标法实施条例》已经颁布实施,其中明确指出不允许拿特定行业的业绩作为投标人资格要求和加分项。而福州站的招标文件里面还在拿特定行业的业绩对投标人做要求。当年那个事件,实际上是招标人违法在先,而逼使太极股份做了虚假响应,所以当年对投标人太极股份的处理不严重。而太极股份是中国电子科技集团下属的十五所的子公司中唯一一家上市公司,而业内人士都知道十五所是个实力强劲的公司。所以最终稻城智慧景区建设项目的招标人坚持他们的选择是可以理解的。

2. 质疑(异议)—投诉—行政复议—行政诉讼,这套法律程序要按顺序稳扎稳打,控制好节奏,确保每一步都找对人(受理单位),每一步都不能错过时效。这个案例里面,投诉人东软公司在第一时间就同时给五家单位发送了同样内容的质疑函(其实应该叫异议函),就没找对人,分散了自己的精力,还有可能耽误时间,并且露了怯——对方立刻知道你不懂法。异议找招标方,投诉找行政监督部门,该找谁找谁。同时控制好每一步的时效也很重要,错过时效,有道理也成没道理,甚至没人理,整个争议的处理将失去成功的可能性。

3. 开启法律程序是需要真凭实据的。你需要合法地收集证据,证明你所叙述的事实真实地发生过,还要找到相关的法律依据,证明所发生的事情到底违反了哪些法律规定,然后再依法提出诉请。这个案例里面,拿着网络链接和一份复印件去投诉是没有什么法律效力的。请当地分公司、办事处,或者是代理商人员去一趟铁路总公司,确认一下当年发生的事情,拿一份正式的书面证明再去异议、投诉。

4. 关于异议、投诉，还有一个操作要点，就是不要和国家的大政方针与社会趋势背道而驰。比如现在政府采购领域早就没有投标价低于成本价要废标的规定了，新的《招标投标法》也可能会删除这一条。只要能诚信履约、保证质量，多低的投标价格都可以中标。比如像重庆市白市驿隧道项目，以中建三局低于成本竞标的名义向行政监督部门投诉，这样与大趋势对着干的异议、投诉不可能成功。再比如拿招标人优待中小企业这个点去异议、投诉，也多半不会成功，因为国家现在的一个基本国策就是要优待中小企业。

附 录

中央国家机关评比达标表彰保留项目目录
（截至时间2015年8月20日，共计381项，不含不宜公开的项目）

序号	主办单位	项目名称	周期
1	中央机构编制委员会办公室	全国机构编制工作先进集体和先进工作者	5年
2	外交部	先进外交工作集体和先进外交工作者	5年
3	发展和改革委员会	全国价格工作先进集体、先进工作者	5年
4		价格监督检查先进集体、先进个人	3年
5		规范化价格监督检查局（所）创建活动	3年
6		农产品成本调查工作考核评比	3年
7		储备系统评优奖先	3年
8	教育部	全国教育系统先进集体和先进个人表彰	5年
9		国家级教学成果奖	4年
10		教学名师奖	2年
11		高等学校科学研究优秀成果奖（分科学技术奖、人文社会科学奖两部分）	科学技术奖周期1年，人文社会科学奖周期3年
12		全国教育科学研究优秀成果评选表彰	5年
13		宝钢杯全国杰出中小学中青年教师评选	2年
14	科技部	全国科技管理系统先进集体和先进工作者	5年
15		全国科技保密先进单位和个人	3年
16		全国科普工作先进集体和先进工作者	3年
17		实施国家科技计划先进集体、先进个人	2年
18	工业和信息化部	全国工业和信息化系统先进集体、劳动模范和先进工作者	5年
19	国家民族事务委员会	全国民委系统先进工作者和劳动模范	5年
20		国家民委突出贡献专家奖	2年
21		国家民委社会科学研究成果奖	3年

续表

序号	主办单位	项目名称	周期
22	公安部	全国特级优秀人民警察	3年
23		全国公安系统优秀单位、优秀人民警察评选表彰	2年
24		全国我最爱的人民警察	2年
25		忠诚（边防）卫士	3年
26		"119"消防奖	2年
27		全国见义勇为英雄和先进分子评选表彰活动	2年
28		全国先进保安服务公司、优秀保安员	5年
29		部级教学成果、优秀教师、精品课程暨优秀教材奖	4年
30	民政部	全国民政系统先进集体、劳动模范、先进工作者（"孺子牛"奖）	5年
31		军用饮食饮水供应站正规化建设评比表彰	3年以上
32		全国先进民间组织表彰	3年
33		文明优抚事业单位、先进军休干部、先进军休工作单位和先进军休工作者	4年
34		全国殡葬事业单位先进集体和先进工作者	3年以上
35		农村五保供养工作先进单位和先进个人	3年以上
36		中华慈善奖	1年
37		全国敬老爱老助老活动评选	3年
38	司法部	全国司法行政系统先进集体、劳动模范和先进工作者	5年
39		全国普法工作先进集体、先进个人和依法治理创建活动先进单位	5年
40		文明监狱、文明劳教所、模范司法所及先进集体和先进个人	3年
41		全国模范人民调解委员会、调解员	3年
42		全国法律援助和法律服务工作先进集体、先进个人	3年
43	财政部	全国财政系统先进集体和先进工作者	5年
44		全国财政系统业务工作评比表彰	3年

续表

序号	主办单位	项目名称	周期
45	人力资源和社会保障部	全国杰出专业技术人才（含全国留学回国人员和中国优秀博士后）	5年
46		全国模范军转干部、先进工作者和军转安置工作先进单位（含中央国家机关）	5年
47		全国人力资源和社会保障系统先进集体和先进个人	5年
48		全国和谐劳动关系创建活动表彰	5年
49		全国人力资源社会保障系统优质服务窗口表彰	3年
50		中华技能大奖和全国技术能手评比表彰	2年
51	国土资源部	全国国土资源管理系统先进集体和先进工作者	5年
52		国土资源节约集约模范县（市）	3年
53		"节约资源、保护环境，做保护地球小主人"活动先进集体和先进个人	3年
54	生态环境部	全国环境保护系统先进集体和先进工作者	5年
55		创建国家环境保护模范城市	5年以上
56		生态文明建设示范区（含生态工业园区建设）	3年
57	住房和城乡建设部	中国人居环境奖	1年
58		全国住房城乡建设系统先进集体、劳动模范和先进工作者	5年
59		创建全国无障碍建设城市	2年
60		国家园林城市	2年
61		国家节水型城市	2年
62		全国工程勘察设计大师、优秀工程勘察设计项目和绿色建筑创新奖评选	2年
63	交通运输部	全国交通运输系统先进集体、劳动模范和先进工作者	5年
64		交通运输部水运工程质量奖、优秀勘察设计奖	2年
65	水利部	全国水利系统先进集体、先进工作者和劳动模范	5年
66		长江水利委员会先进集体和先进个人表彰	3年
67		黄河水利委员会先进集体和先进个人表彰	3年
68		淮河水利委员会先进集体和先进个人表彰	3年
69		海河水利委员会先进集体和先进个人表彰	3年
70		珠江水利委员会先进集体和先进个人表彰	3年
71		松辽水利委员会先进集体和先进个人表彰	3年
72		太湖流域管理局先进集体和先进个人表彰	3年

续表

序号	主办单位	项目名称	周期
73	农业农村部	全国农业劳动模范	5年
74		全国农业先进集体和先进个人	3年
75		中华农业英才奖	3年
76		全国农牧渔业丰收奖	3年
77	商务部	全国商务系统先进集体、劳动模范和先进工作者	5年以上
78		商务系统工作表彰	5年以上
79		商务发展研究成果奖表彰	2年
80	文化和旅游部	全国文化系统先进集体、先进工作者和劳动模范	5年
81		文化部优秀专家奖	3年
82		文化交流贡献奖	3年以上
83		中国文化艺术政府奖	3年
84		文化部创新奖	3年
85		中国民间文化艺术之乡	3年
86	国家卫生健康委员会	全国卫生系统先进集体、先进工作者及"白求恩奖章"获得者表彰	5年
87		创建国家卫生城市（区、镇）	3年
88		全国无偿献血表彰	2年
89		全国人口和计划生育系统先进集体和先进工作者	5年
90		创建全国计划生育优质服务先进单位	3年
91	人民银行	中国人民银行先进集体、先进工作者和劳动模范	5年
92		人民银行专业先进集体、专业先进工作者	4年
93	审计署	全国审计机关先进集体和先进工作者	5年
94		审计署和地方优秀审计项目评选	1年
95	国务院国有资产委员会监督管理	中央企业先进集体、劳动模范	5年
96		行业信用评价活动	3年
97		中央企业优秀总法律顾问、优秀企业法律顾问和企业法律事务先进工作者	3年
98	海关总署	全国海关系统先进集体和先进工作者	5年
99		各直属海关单位关区先进集体、先进工作者	3年
100	国家税务总局	全国税务系统先进集体、先进工作者	5年
101		各省（区、市）税务局先进集体、先进工作者	3年
102		优秀科研成果评选	2年

续表

序号	主办单位	项目名称	周期
103	国家市场监督管理总局	全国工商行政管理系统先进集体和先进工作者	5年
104		全国质量监督检验检疫系统先进集体和先进工作者	5年
105		全国质检工作先进单位和先进个人	4年
106		中国质量奖	2年
107		中国标准创新贡献奖	1年
108	国家新闻出版署	全国广播电视系统先进集体、劳动模范和先进工作者	5年
109		全国新闻出版系统先进集体、先进工作者和劳动模范	5年
110		中国出版政府奖	3年
111		版权保护示范单位	3年以上
112		中华图书特殊贡献奖	2年
113	国家体育总局	全国体育系统先进集体和先进工作者	4年
114		全国群众体育先进单位和先进个人	4年
115		体育运动奖章	1年
116		全国体育事业突出贡献奖	1年
117	应急管理部	全国安全生产监管监察系统先进集体和先进工作者	5年
118		安全生产监管监察先进单位、先进个人	3年
119	国家药品监督管理局	全国食品药品监督管理系统先进集体、先进工作者	5年
120	国家统计局	全国统计系统先进集体、先进工作者	5年
121		全国统计系统先进个人	5年
122	国家林业和草原局	林业英雄、全国林业系统先进集体、劳动模范和先进工作者	5年
123		全国防沙治沙英雄、标兵、先进集体和先进个人	5年
124		全国绿化先进集体、劳动模范和先进工作者	5年
125		全国绿化模范单位、全国绿化奖章	3年以上
126		全国森林防火工作先进单位和先进个人	3年
127		保护森林和野生动植物资源先进集体、先进个人、优秀组织奖	3年以上
128		全国生态建设突出贡献奖	2年
129	国家知识产权局	全国专利系统先进集体和先进工作者	5年
130		中国专利奖	1年

续表

序号	主办单位	项目名称	周期
131	文化和旅游部	全国旅游系统先进集体、劳动模范和先进工作者	5年
132	国务院侨务办公室	全国侨办系统先进集体和先进工作者	5年
133	国家宗教事务局	全国宗教工作系统先进集体和先进个人	5年
134		全国创建和谐寺观教堂先进集体和先进个人	3年
135	国家机关事务管理局	国务院各部门后勤工作评选	5年
136	中国科学院	中国科学院先进集体和先进工作者	5年
137	中国社会科学院	全国地方志系统先进集体和先进工作者	5年
138		中国社会科学院青年语言学家奖金	2年
139	中国地震局	全国地震系统先进集体和先进工作者	5年
140		防震减灾工作评比	3年
141	中国气象局	全国气象工作先进集体和先进工作者	5年
142		全国气象工作先进单位和先进个人	3年
143	中国银行业监督管理委员会	银行业金融机构小企业贷款工作先进单位、先进个人	3年
144	国家自然科学基金委员会	国家自然科学基金管理工作先进单位和先进工作者	5年
145	国家粮食和物资储备局	全国粮食系统先进集体、劳动模范和先进工作者	5年
146		全国粮食工作先进单位和先进个人	3年
147	国家国防科技工业局	国防科学技术奖	3年
148		国防科技工业杰出人才奖	3年
149	国家烟草专卖局	全国烟草行业先进集体、先进工作者和劳动模范	5年
150		全国卷烟打假先进集体和先进个人	3年
151	国家公务员局	全国人民满意的公务员和公务员集体	5年
152	国家海洋局	全国海洋系统先进集体、先进工作者	5年
153		全国海洋统计表彰	2年
154	国家测绘地理信息局	全国测绘地理信息系统先进集体和先进工作者	5年
155		全国测绘地理信息成果管理先进单位和先进个人	5年
156	国家铁路局	全国铁路系统先进集体、劳动模范和先进工作者	5年
157		铁路优质工程（勘察设计）奖	2年
158		全路优秀公安基层单位先进集体、先进个人	2年
159	国家中医药管理局	全国基层中医药工作先进单位	3年
160	国家外汇管理局	打击非法买卖外汇先进集体和先进个人	3年

续表

序号	主办单位	项目名称	周期
161	国务院妇女儿童工作委员会	全国实施妇女儿童发展纲要先进集体和先进个人	5年
162	国务院残疾人工作委员会	全国残疾人工作先进单位和先进个人	5年
163		全国自强模范暨助残表彰	5年
164	全国老龄工作委员会	全国老龄系统先进集体和先进工作者	5年
165	全国"扫黄打非"工作小组办公室	全国"扫黄打非"评比表彰	1年
166	国家边海防委员会	全国边海防工作表彰	5年
167	国家外国专家局	中国政府"友谊奖"	1年
168	中国宏观经济学会	中国经济学奖	2～3年
169	中国投资协会	推介表彰优质投资项目	2年
170	中国价格协会	薛暮桥价格研究奖	3年
171	中国信息协会	中国信息化成果评选	3年
172	国家发展和改革委员会价格认证中心	先进价格认证机构和优秀价格认证人员	2年以上
173	国家发展和改革委员会价格监测中心	全国优秀监测工作评比表彰	2年
174	中国工程咨询协会	全国优秀工程咨询成果奖	2年
175	中国设备管理协会	全国设备管理优秀单位表彰	2～3年
176	中国施工企业管理协会	国家优质工程奖	2年
177	中国交通运输协会	先进物流企业评选	2年
178	中国生产力促进中心协会	生产力促进奖	2年
179	中国民营科技促进会	民营科技发展贡献奖	2年
180	中国技术市场协会	金桥奖	2年
181	中国工业与应用数学学会	苏步青应用数学奖	2年
182	中国管理科学学会	管理科学奖	2年
183	中国新闻技术工作者联合会	（王选）新闻科学技术奖	2年
184	中国民营科技实业家协会	优秀民营科技企业、企业家	2～3年
185	中国科技咨询协会	咨询项目创新奖	2年
186	中国第四纪科学研究会	第四纪青年科学家奖	2年
187	中国超声医学工程学会	优秀超声医学专家	10年

续表

序号	主办单位	项目名称	周期
188	中国国防科技工业企业管理协会	军工企业管理创新成果奖	2年
189	中国爆破器材行业协会	中国爆破器材行业科学技术奖	2年
190	中国和平利用军工技术协会	国产数控机床优秀合作项目评选	2年
191	中国电子商会	电子专业市场优秀经营者和明星市场	2年
192	中国互联网协会	中国互联网行业自律贡献与公益奖	2年
193	中国电子学会	电子信息科学技术奖	2年
194	中国通信企业协会	先进通信设计企业、优秀通信设计工作者	2年
195	全国电信用户委员会、工业和信息化部行风建设领导小组	用户满意电信服务明星、用户满意电信服务明星班组	2年
196	中国电子协会	优秀企业及优秀企业家	2年
197	中国电子视像行业协会	中国数字电视盛典	2年
198	中国计算机行业协会	行业发展成就奖	2年以上
199	中国半导体行业协会	中国半导体创新产品和技术领军人物评选	2年
200	中国广播电视设备工业协会	中国广播电视设备工业协会科技创新奖	2年
201	中国电子电路行业协会	中国电子电路行业优秀企业评选	2年
202	中国通信标准化协会	中国通信标准化协会科技进步奖	2年
203	中国注册会计师协会	地方协会工作评比	2年
204	中国资产评估协会	资产评估行业评选表彰	2年
205	中国财政学会	优秀财政理论研究成果评选	4年
206		全国财政协作研究课题评比	2～3年
207	中国劳动学会、职工教育和职业培训协会	中国劳动学会、职工教育和职业培训协会系统先进单位、先进个人和优秀科研成果评选表彰	5年
208	中华环境保护基金会	中华宝钢环境奖	2年
209	中国环境文化节组委会	绿色中国年度人物	2年
210	中国土木工程学会、詹天佑土木工程科技发展基金会	中国土木工程詹天佑奖	2年
211	中国建筑装饰协会	中国建筑工程装饰奖	2年
212	中国建筑业协会	中国建筑工程鲁班奖（国家优质工程）	2年

续表

序号	主办单位	项目名称	周期
213	中国房地产业协会、住房和城乡建设部住宅产业化促进中心	广厦奖	2年
214	中国建筑学会	建筑设计奖	2年
215		梁思成建筑奖	2年
216	中国城市规划协会、中国城市科学研究会	优秀城市规划设计和城市科学研究奖	2年
217	中国勘察设计协会	工程勘察、建筑设计行业和市政公用工程优秀勘察设计奖	2年
218	中国安装协会	中国安装之星	2年
219	中国建筑金属结构协会	中国钢结构金奖	2年
220	中国水运建设行业协会	水运工程优秀咨询成果奖	2年
221	中国交通建设监理协会	交通建设优秀监理企业、监理工程师	2年
222	中国港口协会集装箱分会	港口集装箱码头评优	2年
223	中国汽车维修行业协会	汽车维修行业诚信企业	2年
224	中国公路勘察设计协会	公路交通优秀勘察、设计奖	2年
225	中国公路建设行业协会	公路交通优质工程奖	2年
226	詹天佑科学技术发展基金会	詹天佑铁道科学技术奖	2年
227	中国铁道学会	中国铁道学会科学技术奖	2年
228	茅以升科技教育基金委员会	茅以升铁道工程师奖	2年
229	中国铁道企业管理协会	铁路企业全面质量管理（现代化创新成果）评选	2年
230	中国水利学会	大禹水利科学技术奖评审	3年
231	中国水利水电勘测设计协会	全国优秀水利水电工程勘测设计奖	2年
232	中国水利工程协会	水利工程优质（大禹）奖评选	2年
233	中国水利企业协会	优秀水利企业、优秀水利企业家评选	2年
234	中国农学会	神农中华农业科技奖	2年
235	中华农业科教基金会	神内基金农技推广奖	2年
236	中国畜牧业协会	畜牧行业先进工作者、先进企业	2年
237	中国饲料工业协会	中国饲料工业协会先进集体和先进工作者	2年
238	中国奶业协会	优秀奶业工作者和乳品加工企业	4年

续表

序号	主办单位	项目名称	周期
239	中国少数民族美术促进会	"民族百花奖"——中国各民族美术作品展览	2年
240	中国戏剧文学学会、中国话剧艺术研究会	全国戏剧文化奖	3年
241	中华医学会	中华医学科技奖	2年
242	中华预防医学会	中华预防医学会科学技术奖	2年
243	中国营养学会	中国营养学会科学技术奖	2年
244	中国医院协会	优秀医院院长及突出贡献奖评比表彰	2年
245	中国医师学会	中国医师奖	2年
246	中国农村卫生协会	先进会员和先进单位表彰	2年
247	中国人口福利基金会、中国计划生育协会	中华人口奖	3年
248	中国人口学会	人口科学优秀成果奖	4年
249	中国人口文化促进会	人口文化奖	4年
250	中国内部审计协会	内部审计先进单位和先进工作者	3年
251	中国报关协会及各地报关协会	优秀报关企业、优秀报关员	2年
252	中国税务学会、国际税收研究会	全国先进税务学会、先进国际税收研究会评选	2年
253	全国个私协会	全国先进个体工商户及个私协会系统先进单位和先进工作者评选	3年
254	中国广告协会	先进广告协会和优秀广告协会工作者评选	2年
255	中国消费者协会	消费维权先进集体、先进个人评选	2年
256	中国工商学会	中国工商学会先进单位和优秀学会工作者评选	5年
257	中国设备监理协会	优秀设备工程监理单位和监理人员	2年
258	中国防伪行业协会	防伪科学技术奖	2年
259	中国出版工作者协会	中华优秀出版物奖	2年
260		韬奋出版奖	3年
261	中国体育科学学会	体育科学技术奖	2年
262	中国生产力学会	全国优秀生产力理论与实践成果奖	2年
263	中国林产工业协会	林业产业突出贡献奖、创新奖	2年
264	中国林学会	梁希奖、林业青年科技奖	2年
265	中国发明协会	发明创业奖	2年

续表

序号	主办单位	项目名称	周期
266	中国气象学会	涂长望青年气象科技奖暨优秀气象科普奖	2年
267	中国证券业协会	证券期货业科学技术奖	2年
268	中国粮油学会	中国粮油学会科学技术奖	2年
269	中国烟草学会	中国烟草学会优秀科技工作者	4年
270	中国测绘学会	测绘科技进步奖	2年
271	中国民航工会全国委员会	民航"安康杯"竞赛评比表彰	2年
272	中国地理信息系统协会	地理信息系统优秀工程	2年
273	中华中医药学会	中华中医药学会科学技术奖	2年
274	中国中西医结合学会	中国中西医结合学会科学技术奖	2年
275	中国工业经济联合会	中国工业大奖	2年
276	中国企业联合会	全国优秀企业家评选表彰	2年
277	中国企业联合会	"企业文化优秀成果"发布活动	2年
278	中国质量协会	全国质量奖	2年
279	中国包装联合会	包装行业优秀奖评选表彰	2年
280	中国商业联合会	全国商贸流通服务业先进集体、劳动模范和先进工作者	5年
281	中国商业联合会	商业质量奖	3年
282	中国物流与采购联合会	突出贡献人物和企业表彰	2年
283	中国物流与采购联合会	全国物流行业先进集体、劳动模范和先进工作者	4年
284	中国煤炭工业协会	全国煤炭工业先进集体、劳动模范和先进工作者	5年
285	中国煤炭工业协会	先进会员单位、先进个人表彰	2年
286	中国煤炭工业协会	煤炭工业安全高效矿井评选表彰	2年
287	中国机械工业联合会	产业结构优化成果评价	2年
288	中国钢铁工业协会	管理创新奖、市场开拓奖、节能减排奖评选表彰	2年
289	中国石油和化学工业联合会	全国石油和化学工业先进集体、劳动模范和先进工作者	4年
290	中国石油和化学工业联合会	先进会员单位、先进个人表彰	2年
291	中国石油和化学工业联合会	行业优秀成果和质量奖	2年
292	中国轻工业联合会	全国轻工行业先进集体、劳动模范和先进工作者	5年
293	中国轻工业联合会	中国轻工业联合会共建产业集群	3年
294	中国轻工业联合会	中国工艺美术大师	2年以上

序号	主办单位	项目名称	周期
295	中国纺织工业协会	全国纺织工业先进集体、劳动模范和先进工作者	5年
296	中国纺织工业协会	中国纺织工业协会贡献奖、科技型企业及行业信息化成果奖表彰活动	2～5年
297		纺织行业年度创新人物、企业家创业奖推广活动	2年
298	中国建筑材料联合会	创建标准化建材家居市场和星级建材市场活动	2年
299		全国建材行业先进集体、劳动模范和先进工作者	5年
300	中国有色金属工业协会	有色金属工业优质工程评选表彰	2年
301		全国有色金属行业先进集体、劳动模范和先进工作者评选表彰	4年
302	中国非处方药物协会	自我药疗教育工作先进会员单位表彰	2年
303	中国女企业家协会	杰出创业女性评选	2年
304	中国企业管理科学基金会	袁宝华企业管理金奖	2年
305	中国医药企业管理协会	企业管理优秀奖	2年
306	中国美发美容协会	特殊贡献会员表彰	2～4年
307	中国家用电器维修协会	电子电器维修服务突出贡献会员表彰	5年
308	中国烹饪协会	餐饮业会员突出贡献表彰	2年
309	中国肉类协会	先进会员企业及先进个人表彰	2～3年
310	中国蔬菜流通协会	中国蔬菜流通协会定点达标工作	2年
311	中国商业企业管理协会	先进会员企业及先进个人表彰	2～5年
312	中国人像摄影学会	先进会员企业及先进个人表彰	2年
313	中国连锁经营协会	优秀会员评选活动	2年
314	中国饭店协会	饭店业金鼎奖	2年
315	中国城市商业网点建设管理联合会	商业街分类指导及先进表彰	2年
316	中国家庭服务业协会	先进会员企业及先进个人表彰	2年
317	中国中小商业企业协会	先进会员企业及先进个人表彰	2年
318	全国城市农贸中心联合会	先进会员企业及先进个人表彰	2年
319	中国酒类流通协会	酒业营销金爵奖	2年
320	中国副食流通协会	先进会员企业及先进个人表彰	2年
321	中国汽车流通协会	优秀会员企业表彰	2年
322	中国菱镁行业协会	中国菱镁行业协会定点达标活动	2年

续表

序号	主办单位	项目名称	周期
323	中国木材流通协会	木门、木地板、木材市场企业产品质量售后服务优秀会员企业评选活动	2年
324	中国轮胎翻修与循环利用协会	先进会员企业及先进个人表彰	2年
325	中国化工流通协会	先进会员单位表彰	5年
326	中国经济报刊协会	中国经济新闻（大赛）暨经济新闻人物评选	2年
327	中国煤炭加工利用协会	先进会员企业及先进个人表彰	2年
328	中国煤炭经济研究会	先进会员企业及先进个人表彰	2年
329	中国煤炭机械工业协会	先进会员企业及先进个人表彰	2年
330	中国机床工具工业协会	先进会员企业及先进个人表彰	2年
331	中国机械通用零部件工业协会	中国机械通用零部件工业协会技术创新奖	2年
332	中国模具工业协会	先进会员企业及先进个人表彰	2年
333	中国轴承工业协会	轴承行业技术进步奖	2年
334	中国液压气动密封件工业协会	行业技术进步奖	2年
335	中国印刷及设备器材工业协会	中华印制大奖	2年
336	中国重型机械工业协会	优秀会员单位和先进科技工作者评选表彰	2～3年
337	中国工程机械工业协会	工程机械行业成就奖	2年
338	中国铸造协会	先进会员企业及先进个人表彰	2年
339	中国锻压协会	绿色锻造示范基地达标活动	2年
340	中国热处理行业协会	先进会员企业及先进个人表彰	2年
341	中国机械工业金属切削刀具技术协会	推广、应用现代刀具技术先进会员集体和个人表彰	4年
342	中国机械工业质量管理协会	机械工业质量奖	2年
343	中国机械工业企业管理协会	机械工业企业管理现代化示范工程评选表彰	2年
344	中国石油和石油化工设备工业协会	先进会员企业表彰活动	2年
345	中国冶金矿山企业协会	先进会员企业及先进个人表彰	3年
346	中国监控化学品协会	禁化武履约奖	4～5年

续表

序号	主办单位	项目名称	周期
347	中国工业防腐蚀技术协会	先进会员单位及先进个人表彰	2年
348	中国无机盐工业协会	先进会员企业及先进个人表彰	4年
349	中国化工机械动力技术协会	化工无泄漏工厂达标活动	3年
350	中国文房四宝协会	先进会员企业表彰	2年
351	中国塑料加工工业协会	先进会员企业表彰	2年
352	中国制笔协会	行业先进会员企业及先进个人表彰	3年
353	中国保护消费者基金会	维权保护消费者有功人员表彰	2年
354	中国焙烤食品糖制品工业协会	先进会员企业及先进个人表彰	2~3年
355	中国电池工业协会	先进会员单位和先进个人表彰	2年
356	中国文教体育用品协会	先进会员单位和先进个人表彰	3年
357	中国乐器协会	先进会员企业及先进个人表彰	2年
358	中国室内装饰协会	先进会员企业及先进个人表彰	2年
359	中国发酵工业协会	先进会员企业及先进个人表彰	2年
360	中国玩具协会	先进会员企业及先进个人表彰	2年
361	中国羽绒工业协会	先进会员企业表彰	3年
362	中国日用玻璃协会	行业先进会员企业及先进个人表彰	2年
363	中国陶瓷工业协会	先进会员企业及先进个人表彰	2年
364	中国工艺美术协会	"百花杯"评审活动	2年
365	中国五金制品协会	先进会员企业及先进个人表彰	2~3年
366	中国服装协会	中国服装协会服装大奖	2年
367	中国化纤工业协会	先进会员企业及先进个人表彰	2年以上
368	中国丝绸协会	丝绸科技创新评选	2年
369	中国砖瓦工业协会	墙体屋面及道路用建筑材料产品质量重点企业达标贯标活动	2年
370	中国建筑材料工业协会	建材机械工业质量奖	2年
371	中国石材工业协会	"华表杯"优质石材装饰工程奖	2年
372	中国建材市场协会	先进会员单位及先进个人表彰	2年
373	中国游艺机游乐园协会	先进会员企业表彰	2年
374	中国电力企业联合会	先进会员企业及先进个人表彰	2年
375	中国黄金协会	全国黄金行业先进集体、劳动模范和先进工作者表彰	4年

续表

序号	主办单位	项目名称	周期
376	《人像摄影》杂志社有限公司	人像摄影先进个人评选（分人像摄影组、化妆造型组、数码设计组）	3年
377	中国轻工业信息中心	轻工业企业信息化先进表彰	2年
378	中国轻工珠宝首饰中心	首饰玉器百花奖	2年
379	国家建筑材料展贸中心	建筑应用创新大奖	2年
380	冶金工业教育资源开发中心	钢铁行业职工教育培训工作先进单位及先进个人表彰	3年